LO QUE NO ME DIJERON DE EMPRENDER

ENFRENTA REALIDADES DEL NEGOCIO MIENTRAS DISFRUTAS LO QUE HACES

VERÓNICA AVILÉS

Lo que no me dijeron de emprender.
Enfrenta realidades del negocio mientras disfrutas lo que haces.

©2024 Verónica Avilés

Impreso en los Estados Unidos de América.
ISBN Paperback: 978-1-956625-58-5
ISBN Hardcover: 978-1-956625-59-2
ISBN Digital online: 978-1-956625-60-8

Editado por Henry Tejada

Publicado por Página Azul
2071 NW 112 AV Suite 103
Miami, FL 33172

AGRADECIMIENTOS

Gracias a Dios. Todo lo que tengo y lo que soy, me lo ha dado Él. Cada paso, cada etapa, cada logro, fue posible porque Él así lo quiso.

Gracias a mi esposo Emmanuel y a mi hijo Isac por acompañarme en cada etapa de mi emprendimiento. Emmanuel, mis logros han sido acompañados por tu paciencia, apoyo y amor.

Gracias a mi equipo de trabajo, porque diaria e incansablemente cuidan y aman mi marca para brindar lo mejor a nuestra comunidad.

Gracias a mi comunidad por decidir todos los días ver mi contenido, darme la oportunidad de educarlos y hacerlos parte de mi vida.

Gracias a mi equipo de editorial de Página Azul por su entrega en este hermoso libro. En especial a mis directores, Xavier Cornejo y Claudio de Oliveira, por creer en mí y apoyarme desde

el día uno. Si este libro está en tus manos, fue por el trabajo de ellos. ¡Gracias!

Gracias a mí. Puede parecer algo peculiar agradecer a mí misma, pero quiero que me permitas hacerlo, ya que todos necesitamos reconocer nuestros propios logros. Por eso… Gracias, Verónica, por tener tu propósito muy claro y caminar cuando el sendero se pone difícil. Por no rendirte, por ser constante. Por cada día querer ser mejor persona, esposa, hija, madre, amiga y mentora. ¡Lo estás haciendo bien!

DEDICATORIA

Quiero dedicar este libro a mi hermano del alma, Carlos Javier Avilés Rosario, por abrir sus caminos sin detenerse para que yo los use de reflejo para los míos. Carlos, eres mi mentor de vida: tus consejos han sido pieza clave para que mis anhelos y deseos sean más fuertes, y mis acciones sean firmes.

Tu carácter, ímpetu y liderazgo proyectan en mí una mujer fuerte, valiente, serena y enfocada en sus objetivos.

Gracias por estar y celebrar cada uno de mis logros; por estar para mí desde que abrí mis ojos por primera vez. Tu compañía siempre me ha hecho sentir segura. Gracias por las llamadas de más de una hora, por las risas, por las lágrimas en momentos difíciles, por las recomendaciones, regaños, y por el amor.

Gracias por esa llamada que cambió mi vida… "Vero, hay gente ganando tanto dinero en el internet". Por ser el primero en decir abiertamente en redes sociales "Mi hermana ha comenzado un negocio y tiene mi apoyo al cien por ciento". Hasta este momento ha sido así. Gracias por tu dirección y por decirme "aprieta" cuando hay que hacerlo.

Comparto públicamente y dedico este libro a mi arma secreta, pues la historia de este libro puede ser contada gracias a ti. Doy gracias a Dios por tu vida. ¡Siempre serás mi persona favorita!

Te Amo, Javi.

CONTENIDO

CONTENIDO

CONTENIDO

REALIDAD #9:
FÁCIL ES LLEGAR, DIFÍCIL ES MANTENERSE

REALIDAD #10:
SE TE PUEDEN "SUBIR LOS HUMOS"

VIVIENDO LA MAGIA

Mi corazón latía fuertemente, las lágrimas salían de mis ojos mientras escuchaba la euforia de mi equipo de trabajo al teléfono. Era una noche tranquila cuando recibí una llamada… "¡Vero, tu libro *La Magia de Reinventarte* ya es un *best seller* en Amazon!". Eso fue lo primero que escuché en la llamada de mi equipo de trabajo, cuando a tan solo horas de haber publicado mi primer libro, estaba como número uno en la categoría de negocios en español de Amazon. Ahí estaba, al lado de autores como Gary Vaynerchuck, John Maxwell y Robert Kiyosaki. Habíamos trabajado fuertemente, era el libro que había soñado escribir desde que me encontraba perdida y frustrada en ese cubículo de la agencia de gobierno en la que trabajaba, y ahora todo se estaba volviendo una realidad. Mi equipo llevaba todo el día pendiente de los resultados de Amazon, mientras yo continuaba mi día sin tener la más mínima idea de que esto podría ser posible. Recuerdo que me iban notificando vía *messenger* en qué posición estábamos. Ese día del lanzamiento fue una locura, recibía cientos y cientos de fotos de personas diciéndome "ya tengo tu libro en formato digital", "ya mandé a pedir tu libro", o "Vero, he comenzado a leerlo y no me he podido despegar". No puedo explicarles cómo mi interior se emocionaba. Ahora mismo, escribiendo estas letras, mi piel no para de erizarse de tan solo pensarlo. Recuerdo ese día como si fuera hoy.

Entrar en esta nueva faceta como autora, literalmente fue mágico. Amigos, familiares, colegas, todos estaban emocionados dándome apoyo y compartiendo sus buenos deseos en las redes sociales. Un amigo me decía "no dejas de sorprenderme, todo lo que dices lo haces realidad". Y a medida que pasaban los días, más personas seguían impactadas. Recibía cientos y cientos de mensajes larguísimos de personas que lloraron con mi historia y a la vez me contaban la suya. Me decían "estoy pasando por lo mismo que tú pasaste", "wao, Verónica, siento que este libro lo escribí yo"; y otros me llegaron a escribir "Vero, mientras leía, sentía que te escuchaba". Para mí era una enorme bendición. El día que presentamos oficialmente mi libro asistieron más de cien personas, una cantidad que yo, honestamente, no creí que iba a llegar. Tenía nervios de que fuera una presentación con pocas personas. Pensaba "¿quién saca de su tiempo para ir a ver una presentación de un libro?". Y ahí estaba yo, viendo a mi familia, amigos, colegas y seguidores, abrazándome y felicitándome por este logro alcanzado. Fue un día emocionante, uno de los días más especiales de mi vida empresarial.

Gracias a *La Magia de Reinventarte* llegué a la radio, televisión, y me invitaban a una y otra charla para presentarlo y hablar de mi historia. Este libro me dio el privilegio de cautivar miles de corazones y despertar a muchos que anhelaban salir de donde estaban, pero que no sabían cómo hacerlo. Para algunos, *La Magia de Reinventarte* ha sido el "disparo" de su carrera empresarial; y para mí fue el impulso que me permitió desarrollar esta pasión que tengo por seguir ayudando a otros. Es un honor ser de inspiración con algo que para mí fue un proceso difícil y agobiante.

Pero la magia en mi vida continuaba. Librerías y distribuidoras de mi país, Puerto Rico, me dieron la oportunidad de exponer mi libro.

Mis eventos de *Ecommerce* y Redes Sociales se llenaban al máximo a solo dos semanas de anunciarlo. Eran eventos de 500 y 600 personas de forma presencial, junto a otras conectándose de forma virtual alrededor del mundo. Gente de México, Colombia, Ecuador, Estados Unidos, España, Venezuela, República Dominicana y otros, eran parte de este nuevo negocio de clase mundial; aprendiendo de *Ecommerce* y Mercadeo Digital. Ellos se contagiaban con mi estilo, mi sentido de humor, y a la vez se llenaban de emoción en cada contenido que publicaba. Mis redes sociales aumentaban en seguidores día tras día, y mi *inbox* recibía más de 50 mensajes cada dos horas. Clientes de reconocidas marcas comenzaron a aumentar su tráfico y ventas de una manera exorbitante por mis consultas de comercio electrónico. Empleados que ganaban en un *part-time* 450 dólares al mes, generaban más de 60 000 dólares en ventas en sus tiendas online, y yo podía ver cómo sus vidas y la de sus familias cambiaban drásticamente. Literalmente estaba viviendo la magia. Me sentía más satisfecha y realizada que nunca. ¡Esto era lo que tanto estaba anhelando!

Hasta que un día...

No pude levantarme de la cama. Mi esposo llevó a nuestro hijo a la escuelita, y cuando regresó a casa yo me encontraba escondida debajo de las sábanas. Mi cuerpo temblaba y me encontraba totalmente descontrolada, llorando sin consuelo. Mi esposo, asustado, abre las sábanas, me abraza y me pregunta qué me pasaba; mi respuesta fue "no me atrevo a mirar el teléfono", y no paraba de llorar. Tiernamente, él trató de convencerme para que le dijera lo que me sucedía. Le expliqué: "acabo de recibir un mensaje donde una persona depende de mí para generar dinero, tiene una enfermedad muy difícil de tratar". Para preservar la confidencialidad de unos de mis seguidores, solo diré que era un mensaje largo donde esa persona pensaba que yo, y lo que enseñaba, podía ser la solución de sus problemas. Y así recibía cientos de mensajes diariamente, donde las personas me contaban sus historias, problemas, tristezas y frustraciones. Eso me tenía bien agotada. Yo recibía mensajes en la madrugada, y si me levantaba para ir al baño y veía mensajes sin contestar, sentía la ansiedad de tener que dar una respuesta a mi comunidad sin importar la hora. También asistía a emisoras de radio, TV, podcast, cursos, charlas de colegas, y a todos les decía que sí.

Estaba como el arroz blanco... ¡en todos lados! Y aun con cansancio seguía diciendo "sí" porque quería cumplir con todos.

Por otro lado, mi éxito iba tan y tan deprisa que comenzaron las críticas negativas, y lo peor de todo es que eran de "colegas". Decían que yo tenía todo por suerte, que había encontrado el éxito porque hablaba del tema del momento, pero ellos no sabían que yo creaba contenido desde cero todos los días. Les enseñaba a las personas conceptos y terminologías totalmente nuevas en la isla, y contestaba mensajes día y noche. Eso llevó al comercio electrónico a ser el tema del momento. Universidades, otros colegas, y hasta el gobierno de mi país, Puerto Rico, comenzaron a dar charlas gratuitas de comercio electrónico. En ese momento tuve que entender que el comercio electrónico no era de mi propiedad, y si algunos lo hacían de la forma correcta o incorrecta, no era mi incumbencia.

Me preocupaba la calidad de enseñanza cada vez que se hablaba del tema. Tal vez pensarás "Vero, ignora todo y ya", pero no era tan fácil. En ese momento yo me sentía como una nueva cadete del ejército entrando al campo de batalla por primera vez en medio de un gran bombardeo. Crecí muy rápido, y no tenía aún la experiencia ni la habilidad para entrar a ese campo abierto.

Eran más de catorce horas las que trabajaba continuamente, me volví una "workaholic" a unos niveles que no puedo explicarte. Sí, amaba lo que hacía, y no quiero confundirte, pero estaba cansada, drenada y hasta con la casa abandonada. Pensaba "¿para esto fue que emprendí? ¿Por qué me siento así, si esto era lo que tanto anhelaba? ¿Por qué inventan historias de mí si apenas me conocen?". Yo seguía soportando la situación, sin embargo —aunque parece contradictorio— vivía el mejor momento de mi vida. Veía que mis clientes y estudiantes estaban felices al tener resultados en sus negocios *online*. Otros estaban motivados a salir de la eterna rutina de marcar su entrada y salida con una tarjeta. Emergieron nuevas marcas, blogueros e *influencers*. Comencé a conocer artistas que años antes miraba y admiraba desde mi televisor. Cientos se conectaban a mis transmisiones en vivo; y eso me llenaba de energía y determinación, al igual que estar en las tarimas. Esos momentos me aseguraban que estaba donde Dios quería y que para esto había nacido; pero seguía y seguía sin buscar ayuda. Había momentos buenos y de repente tenía caídas libres, continuaba sin ver o analizar cómo me estaba sintiendo y qué le estaba sucediendo a mi mente y cuerpo. Necesitaba admitir que estaba pasando por momentos de desánimo y no me estaba dando cuenta, quería resolverles la vida a todos (y creo que sigue siendo mi debilidad). Sentía que las necesidades y problemas de mis seguidores eran míos. Los cargaba y los llevaba conmigo mientras me duchaba, comía o dormía. Llegué a pensar: ¿en la agencia de gobierno donde trabajaba sentía tanta tristeza? ¿Habré tomado la decisión correcta?

Quiero ser honesta, llegué a pensar en tirar la toalla. ¡En uno de los mejores momentos de mi carrera empresarial, apenas comenzando, esta atleta se estaba quedando sin rendimiento! No entendía, se supone que todo debería ser perfecto... eso es lo que siempre vemos en las redes sociales y en la mayoría de los libros que leo. Los empresarios somos optimistas, positivos, fuertes, dedicados, nunca estamos cansados... entonces, ¿por qué me siento así?

¿Habré estado equivocada cuando pensé que estaba lista para emprender un negocio? ¿Será que no tengo mente empresarial y estoy en el rumbo equivocado? ¿Será que nací para ser ingeniera y trabajar toda mi vida en un cubículo recibiendo órdenes de un jefe? Y en esa mezcla de todo, todo a la vez, identifiqué mi primer *burnout.* Catorce meses luego de iniciar mi emprendimiento, reconocí que algo andaba mal en mí, algo que no era normal. Desde ese día, hasta el presente, sufro de esto. Un *burnout* para mí es ese momento en el que mi cuerpo se llena de niveles de tensión muy altos, me cuesta dormir y mi cuerpo se estremece. Y a pesar de que en ocasiones me ocurre, sé cómo evitar que suceda, o al menos cómo hacer que se minimicen estos casos.

Aún me sigue preocupando las situaciones que le ocurren a mi comunidad, he sabido trabajar con ellos sin que afecten mi salud y productividad. El día que me di cuenta que sufría de eso, busqué información, y no te imaginas la cantidad de artistas, motivadores, autores, figuras públicas y empresarios que pasan por esto una y otra vez. Adicionalmente, hablé con aquellos que siempre han estado para mí, tomé decisiones, aprendí a automotivarme, y muchas otras cosas más que te contaré a lo largo de este camino.

Y ahí es donde entra este libro.

Un libro que, honestamente, sabía que iba a publicar a mis 24 meses de ser empresaria, pero por vueltas, etapas y proyectos que te brinda la vida... ahora, 5 años luego de mi emprendimiento, y luego de dos libros que no tenía pensado lanzar, tuvo que salir. Cuando la mente no para y ves lo que tienes que decir hasta en tus sueños, es porque tienes un mensaje que compartir para que otros se sigan beneficiando, y debes impactar con él.

Este libro es una nueva yo, llena de energía, seguridad, empoderada, gritando a los cuatro vientos cómo ha sido tener el éxito como acompañante de vida, y cómo ha sido este camino que jamás pensé que fuera tan fuerte, y a la vez, competitivo, versátil, lleno de adrenalina, felicidad y color.

Y literalmente está lleno de muchos colores, aunque la gente solo lo vea un camino color rosa. Sin embargo, no tienen la culpa, todos seguimos en las redes sociales a empresarios exitosos, que todo lo que publican es pura felicidad y lujo. Vemos los resultados, pero no toda la travesía para que eso sea posible. Sí, puedes sentirte feliz, levantarte cada mañana a realizar lo que amas y lo que tanto has querido, pero también —déjame escribirlo— se aprende. Al pensar sobre fracaso o dificultad, John Maxwell me recuerda que "nunca se pierde, siempre se aprende". Y es que me lo dijeron: "Cuando llegues al éxito, te van a fallar, hablarán de ti, dirán o pensarán que tienes todo por suerte". También me dijeron "cuando aprendas a hacer dinero, cada proyecto que se te meta en la cabeza lo querrás hacer realidad, estarás imparable". Y ¿sabes qué?, todo esto me ha pasado. Pero lo escribo claramente en este libro porque me he dado cuenta de que muy pocos empresarios quieren demostrar ese lado. Piensan que nuestro trabajo es siempre proyectar positivismo y felicidad; aparentar que "no estamos cansados" y "podemos con todo". Y es verdad que podemos con todo lo que nos propongamos, pero también tenemos que demostrar que hay realidades en el emprendimiento que deben suceder para que puedan formarte. Si tú, querido lector, estás pasando por estas realidades durante tu emprendimiento, no creas que estás en el lugar equivocado, no pienses que no estás hecho para esto; no es que te has dejado llevar por falsas ilusiones; sino que es totalmente normal. Es parte de la ruta de ser un empresario. No te vuelves empresario cuando comienzas un negocio, tú decides ser empresario todos los días.

En este libro te llevaré por mi mundo empresarial, para que conozcas ese "tras bastidores" de todo lo que quizá has podido ver en mis redes sociales (o quizá no). La verdad detrás de una empresaria que logró lo que siempre quiso, pero al crecer tanto en tan poco tiempo, tuvo que aprender muy deprisa y chocar ante un nuevo mundo, desde el aspecto económico, emocional, psicológico, social y físico. "Lo que no me dijeron de emprender" será esa guía que te contará todo lo que vive un empresario día tras día. Te darás cuenta de que es normal tener momentos buenos, y también muchos otros de aprendizaje; que siempre vienen nuevos retos y debemos estar preparados para ellos. Notarás que tendremos frustraciones, nos sentiremos desorganizados, pero siempre hay estrategias para combatir todo ello. Trabajaremos desde los ámbitos financieros hasta los tópicos emocionales que jamás imaginaste que podrían impactar en un empresario exitoso.

Escribo este libro porque no se trata de algo que leí, ¡es algo que viví! Y reconozco que lo vivo actualmente y que lo seguiré viviendo, porque no importa lo que suceda, yo quiero continuar este camino empresarial. Te darás cuenta de que tú estás apto, tú eres capaz; y estás preparado para vivir esta experiencia. También verás que los empresarios no somos perfectos, no tenemos la vida resuelta, ni tenemos por qué aparentar una vida perfecta. Simplemente continuamos trabajando, no importa las circunstancias, porque vivimos amando lo que hacemos. A fin de cuentas, nos hace felices tener libertad y ver que siempre podemos hacer más. Nuestra mente no se detiene, es algo increíble. Dejamos de dormir, pero no nos molesta porque sabemos que los resultados serán fenomenales. Aún me falta mucho por aprender. Estoy segura de que tendré muchos libros más, pero te aseguro que en poco tiempo he tenido que limpiarme las rodillas muchas veces, encerrarme en un cuarto, gritar como las locas y continuar. La vida empresarial es literalmente una montaña rusa, y tuve que aprender a reconocer que "no es que estaba en el lugar equivocado", tenía que entender que de esto se trata el emprendimiento: vivir nuevos retos, enfrentar nuevos miedos e implementar estrategias para sobrevivir en este mundo moderno.

No quiero terminar esta introducción sin decirte nuevamente que sigue valiendo la pena. Me sigo sorprendiendo de las nuevas oportunidades y sigo disfrutando cada etapa. Como me dijo alguien: "si no estamos gozando, no está funcionando"; y eso es lo que quiero que tú experimentes en este camino. Deseo que estés bien preparado para el momento que vengan las realidades del emprendimiento, y quiero que entiendas que vendrán... ¡Y te lo goces!

REALIDAD #1:

ES UN CAMINO DIFÍCIL... ¡Y LO LOGRARÁS!

SOLUCIÓN #1: NECESITAS UN MENTOR

Siempre me dijeron que el mundo del emprendimiento era solitario, pero no fue hasta que lo viví, cuando se convirtió en una experiencia dura para mí. Me cuestionaba cómo era posible que ante un mundo lleno de seguidores, opiniones, *likes*, comentarios, *shares*, mensajes privados, correos electrónicos, fotos y colegas que me admiraban, yo me estaba sintiendo más sola que nunca. Desde ese momento entendí que la soledad no tiene que ver con lo que te rodea, sino con la manera cómo te sientes. Hay personas solas que se sienten acompañadas, y personas llenas de gente a su alrededor viviendo en soledad. Así me sentía yo durante el comienzo de mi emprendimiento. Cuando las emociones

25

están a flor de piel, los pensamientos no se detienen y la energía está a mil por ciento; sentía que nadie me entendía, que nadie podía ver lo que yo veía, que las ideas que pasaban por mi cabeza tal vez no eran para este mundo.

Al comienzo pensé "yo puedo hacerlo sola", "no necesito a nadie", pero a medida que transcurría el tiempo la soledad me iba pasando factura. Un punto clave fue cuando quise desarrollar mi primer libro. Esto no se trataba de comercio electrónico, era algo totalmente nuevo en mi vida. Seguía y seguía en mi cabeza, como mis otras ideas y proyectos, pero sabía que para poder lograrlo más rápido, de una forma estructurada y más estratégica, necesitaba un mentor que me acompañara en el camino. Cuando pude poner un alto al ego de "super-Verónica", decidí enfocar mi mirada a la dirección correcta y finalmente... ¡pedí ayuda! Desde ese momento me atreví a asistir a una charla sobre el tema que necesitaba ser equipada, acepté contratar a mi primer mentor, y todo lo demás ha sido una gran y bonita historia. Todos estos años las personas se han acostumbrado a ver solo a Verónica Avilés; lo que no saben es que detrás de esta gran marca existe un gran equipo de mentores que me nutren, me cuidan y me dirigen. La realidad es que el emprendimiento no tiene por qué ser solitario si aprendes a seleccionar correctamente quién te rodeará en el camino; y ahora te mostraré cómo lograrlo.

LOS MENTORES ACELERAN EL CRECIMIENTO

Un mentor es esa persona que estará para ti, ayudándote en distintos ámbitos de tu vida. Como te mencioné, tengo varios mentores, y cada uno me ayuda en algo distinto. Sería imposible que un solo mentor pueda apoyarte en todo. Ese mentor no es un "supersabelotodo", él tiene sus fortalezas, y en eso te debe ayudar. Tengo mentores que me ayudan en el ámbito financiero, otros en el lado personal, otros en el desarrollo de ideas, otros en lo espiritual y emocional. Ahora mismo, con este libro que lees, necesité dos mentores; el primero me ayuda a contemplar si lo que deseo escribir puede interesar e inspirar a otros, y el segundo ayuda en la edición. Ambos trabajan mano a mano conmigo, junto con otros miembros de mi equipo, para que este libro pueda estar en tus manos.

El mentor es muy importante porque:

- Nos brinda apoyo.
- Nos ayuda a cometer menos errores.
- Nos inspira.
- Nos mantiene disciplinados.
- Guarda nuestros secretos.
- Nos da estrategias con superpoderes.
- Es honesto cuando estamos haciendo algo incorrecto o insatisfactorio.
- Nos da consuelo en momentos difíciles (¡los míos hasta oran por mí!).

Ahora, ¿cómo encontrar ese mentor? Algunos los busco y otros han llegado a medida que recorro este proceso. Muchas veces están al lado tuyo desde hace mucho tiempo, o quizá llegan de sorpresa en algún proyecto en el que participas, pero es fundamental que sepas identificarlos. Piensa en personas que admiras y que posean experiencia en el área de tu vida que quieres ser mentoreado. Esto es muy importante, y recuérdalo siempre: se trata de rodearte de personas con verdadera y significativa experiencia. Es crucial que selecciones personas que comprendan tu visión y puedan brindarte el mejor consejo. Es cierto, al comienzo fue difícil para mí. Soy de las personas que pensaba: "no puedes contarle tus planes a nadie", o "no puedes mostrar vulnerabilidad ante los demás", pero a lo largo de este camino me he dado cuenta de que es totalmente necesario hablar con alguien de lo que te esté sucediendo. Durante mi vida empresarial he desarrollado nuevos proyectos que jamás en la vida pensé realizar, me he sentido perdida, he engordado, he llorado de la emoción, me han llegado veinte mil ideas por minuto, y no sé por dónde comenzar. Me ha faltado la energía, no he sabido cómo manejar tanta influencia o dinero, y en todo momento he tenido una persona que me ha ayudado a sobrellevar ese proceso. La vida empresarial puede ser más eficiente si tenemos a alguien que nos apoye en el camino.

LA MAGIA DE REINVENTARTE

Te quiero contar una historia: cuando ejercía la ingeniería, siempre dije que iba a escribir un libro que se llamaría *¿Para qué soy buena?* Pensaba "esta es la pregunta que siempre me hago, así es que este es el título perfecto". Cuando estaba en la charla que te mencioné anteriormente, una de las primeras cosas que escuché fue:

"Los libros te dicen cómo quieren llamarse; así es que, si tienes en tu mente una idea, tienes que estar abierto a la posibilidad de que este título puede cambiar". Rápidamente la alarma de control de mi cabeza dijo: "Hummm... este definitivamente no será mi caso. Mi libro se llamará *¿Para qué soy buena?* Eso estaba decidido desde aquel cubículo en la agencia de gobierno".

Luego de la charla, y de decidir que realmente iba a necesitar ayuda, llené una solicitud indicando que quería lanzar mi libro. La persona encargada de este programa, entrevista a los interesados para luego decidir si califican. Tan pronto recibí la llamada —un cuatro de julio, por cierto—, casi ni la dejé hablar. Yo tenía en mi mente todo lo que iba a escribir y le dije "de hecho, ya le tengo el nombre... el libro se llamará *¿Para qué soy buena?*". Mi interlocutor me escuchó, pero nuevamente me informó que debería estar abierta a los cambios, y que si mi libro se quería llamar así, así se llamará. A medida que escribía el libro, era notable que aparecían letras mágicas en él. Yo iba contando mi historia y, sin darme cuenta, la magia se sentía en todas las palabras. Seguía usando las palabras una y otra vez.

Algo bueno que tengo —y lo descubrí en esos momentos— es que sé escuchar. Aunque no reaccione en el momento, me llevo lo escuchado para casa y lo analizo a solas. El momento de escoger el nombre del libro había llegado. Mi mentor me llama un día y me dice "quiero verte, tengo que presentarte una idea". Emocionada digo que sí, y llego al lugar de encuentro.

—Vero, tengo una idea de cómo se llamará tú libro, ¿estás lista?

—Claro que estoy lista (pensando "estoy segura de que se dieron cuenta que se llamará *¿Para qué soy buena?*").

—Te va a encantar. Iba leyendo tu manuscrito y pienso que el libro puede llamarse *La Magia de Reinventarte*.

El mentor tenía una sonrisa de oreja a oreja. Lo recuerdo en estos momentos y me muero de la risa. Fue como un balde de agua fría con hielo encima, así como el *ice bucket challenge*, ¡¡recuerdas?! Yo lo miraba y veía que seguía sonriendo. Yo seguía tratando de jugar entre el "¿qué es esto?" y "déjame disimular para que no se sienta mal".

—Ehhh... la magia... la magia... ¿por qué la magia?

Me explicaron paso a paso por qué me recomendaban que se llame así.

—Pero... y el ¿*Para qué soy buena*?

—Lo colocamos en el subtítulo, mira: "12 pasos para encontrar **para qué eres bueno**, atreverte y emprender exitosamente".

Yo salí de allí con "la magia" en mi cabeza. Buscando cómo enamorarme de ese nuevo título. Era una mezcla de sentimientos. Soy honesta, ¡me había casado con el otro título! Llamé a mi esposo, a mi hermano y hasta a mi editora, y.... ¡Todos encantados! Pensaba y pensaba. Creo que llamé varias veces a quien me dio la idea de "La magia...", para justificar en mi cabeza por qué debía ser ese. El punto de esta historia es que me senté a escuchar mis preocupaciones y las hablé abiertamente con mi mentor. Entonces nuevamente me explicaba el porqué del título. A mí me preocupaba que las personas pensaran que reinventarse era un proceso que se daba por arte de magia; pero la realidad es que, aunque no es así, el proceso que vives cuando lo has alcanzado es realmente mágico. Supe escuchar, y mi mentor tuvo la paciencia de explicarme una y otra vez por qué debería ser ese título.

Recuerdo cuando llamé y dije: "ustedes (refiriéndome a mi equipo de trabajo de mi libro) son los que saben. Tienen razón, he leído mi libro una y otra vez y eso es lo que me dice, se llamará *La Magia de Reinventarte*". Yo reconocí que esa era la *expertise* de mi mentor, y que si quería que las cosas salieran bien, y si lo había escogido como mi mentor, tenía que confiar y creer. ¿Y saben qué? He recibido miles, miles de mensajes de personas diciéndome "no te conocía, pero cuando leí la portada, tuve que comprarlo". Recuerdo que en uno de los lanzamientos que hice en una librería, una joven emocionada se acerca hacia mí y me dice: "acabo de entrar y lo primero que hice fue tomar este libro en mis manos, porque llevo pidiéndole a Dios reinventarme y no sé cómo hacerlo; pero, mejor aún, me llevo la sorpresa que estás aquí para firmarlo".

La primera compañía que me dio la oportunidad de distribuir mi libro a diferentes tiendas del país, sin leer el libro, lo seleccionó por el título. Según ellos, llevan más de 15 años en la industria y solo han llamado tres autores para distribuir sus libros. Yo fui una de ellos. En fin, el título ha provocado que miles de latinos hayan decidido leerlo. Y todo esto ha sido posible porque confié en los que saben. Escuché, analicé y me permití educarme. ¿qué hubiese sucedido si ¿Para qué soy buena? quedaba como nombre del libro? No lo sé, quizá se vendía igual o solo las mujeres se hubiesen sentido identificadas. Y así he sido en todo este camino. Mis libros adicionales como *La Magia de Reinventarte (Edición Actualizada)* y *Crea tu Tienda Online*, o mi programa educativo *Ecommerce Avanzado* han surgido y se han completado con la ayuda de mentores y con decisiones que he tomado al confiar en los que saben.

Quiero terminar esta parte con una idea que necesito que te la lleves en la mente y en el corazón. Y, por favor, léelo varias veces: necesitas confiar en tu mentor y permitir que esta persona te entrene y dirija tus pasos. Debes tener la madurez para recibir y aceptar sus críticas positivas y constructivas. Si ya lo escogiste, dale la oportunidad y la libertad de que pueda expresar sus mejores consejos. ¿De qué vale que escojas un mentor si te enojarás cada vez que te dé una instrucción? ¿De qué te sirve un mentor si le ocultarás cosas para que no te "regañe"? Tu mentor será tu mano derecha, ese "angelito de la guarda". Yo amo a todos mis mentores y, ¿sabes qué?, algunos de ellos ni saben que lo son. Tengo mentores que no me conocen, pero que con sus libros o contenido en las redes sociales me brindan su sabiduría y, más importante aún, aplico lo que me están enseñando. ¿Cómo obtienes de su sabiduría? Preguntando, escuchando y accionando. Selecciona tus mentores, te prometo que tu vida y tu negocio tendrán doble bendición.

SOLUCIÓN #2: APRENDE Y CONECTA CON LOS QUE LO HAN LOGRADO

Al entrar al mundo empresarial, comenzaron a acercarse nuevas personas. Compañeros y colegas de negocios. Al comienzo todo es color de rosa, se hacen colaboraciones, se escuchan, se brindan consejos, y todo es "paz y amor". A medida que pasaba el tiempo yo seguía con mis metas claras. Seguía creciendo, fortaleciendo mis destrezas, tomando el rumbo previsto y estructurando mi negocio. Avanzaba llenándome de herramientas, participando de muchas charlas y llevando mi negocio a un progreso desmesurado. Decía "este mes quiero llegar a la radio", y *boom*, llegaba a la radio. "Este mes a la televisión", y *boom*, llegaba a la televisión. Un día dije "quiero certificarme como conferencista profesional y comencé la búsqueda de un buen programa.

En marzo de 2019 ya me certificaba como "professional speaker", por John Maxwell, uno de los líderes más reconocidos del mundo en estos temas. La certificación era en Orlando, y yo llevaba días antes con una incomodidad. Una que me tenía ansiosa, pero que no me atrevía a hablar con nadie. Una que hasta me da "cosita" tener que escribirla en este libro; escribo y borro, escribo y borro... pero es necesario, porque tú vas a pasar por esto, o quizá ya lo viviste. Se trata de esto: estaba sintiendo que algunas personas me estaban drenando. Llamaban porque necesitaban de mí, me absorbían algún conocimiento y luego no sabía de ellos. Otros me hacían parte de sus proyectos solo para obtener un beneficio propio. No quiero que nadie me malinterprete. Siempre he estado abierta para colaborar, pero me sentía que daba y daba; y a mí me faltaba el tiempo para nutrirme. Motivaba, daba consejos, herramientas, *tips,* y yo me sentía como batería con poco porcentaje. ¿De quién me alimento? ¿De quién aprendo? ¿Esa colaboración es de beneficio mutuo o solo para la persona que me contactó?

Luego, Maxwell sube a la tarima y dice: "A medida que creces, perderás personas. Cuando se vayan, no corras detrás de ellos. Ellos tienen que irse porque simplemente otros tienen que llegar. Tú tienes que continuar, el que se quedó, se quedó".

Lo entendí rápidamente. Tenía que seguir. Yo tenía que buscar personas que pudieran enseñarme y que entendieran la nueva etapa que estaba viviendo. ¿Quiénes son esas personas? Fácil, nuevamente, mi hermano, Carlos Avilés. Yo siempre siento que a medida que él crece yo crezco. Siempre le digo que me encanta que logre grandes cosas; porque a medida que él logra grandes proyectos, yo sigo aprendiendo. Me encanta hablar con él, verlo crecer. Para mí es el mejor, no puedo con su inteligencia y sus ganas de llevar siempre su mente a lo máximo.

Es mi mentor de vida, quien me ayuda a crear y desarrollar nuevas ideas. Lo identifiqué, lo entendí, y ese día fue que me atreví a hablarlo con alguien. Ya puedes entender por qué este libro es dedicado a Él. Conversé con mi esposo. Tengo la suerte que él tiene una mente empresarial increíble, pero, sobre todo, una seguridad y estabilidad emocional que me da la confianza de que todo tiene una solución y todo estará bien. Esa es su fortaleza, y por eso disfruto que siga al lado mío, no importa en el nivel de éxito que me encuentre. Con timidez le expliqué lo que me sucedía, y me dijo: "Vero, no es que estás mal, o siendo una mala persona, es que a medida que creces te has dado cuenta de que necesitas personas que te comprendan, que te ayuden y con las que puedas aprender".

ALIMÉNTATE DE LOS QUE SABEN

En el libro de Rachel Hollis, *Amiga, deja de disculparte*, encontré este famoso dicho: "Si tú eres la persona más inteligente de ese cuarto, estás en el cuarto equivocado. Si eres la que más ha alcanzado logros, la motivadora, la que siempre se enfoca en crecimiento, ¡estás en el grupo equivocado!". Yo leía esas letras y me sentía totalmente identificada. No es que te desaparezcas, no es que no apoyes, ni ayudes al que necesita de ti. Se trata de que no permitas que tomen la mayoría de tu tiempo, que roben y consuman tu energía. A veces hasta la familia es la que nos consume, con su negativismo, sus críticas constantes o al llamar solo cuando necesitan algo. No puedes resolver la vida de todos, no puedes. Debes continuar, tienes que buscar aquello que siga alimentando tu camino empresarial. Esto se puede leer horrible, desastroso, pero tienes que seguir. Una cosa es ayudar, dar tu mejor consejo, y otra cosa es literalmente cargar el problema, las situaciones y los proyectos de otros en tus hombros. No es posible. Si quieres avanzar, necesitas andar con poco equipaje. No te estoy diciendo "dale la espalda a tus compañeros", te estoy recomendando que reconozcas quiénes son los "duros" (los exitosos) en lo que te quieres reflejar y vayas detrás de ellos, consumas la mayor cantidad de tu tiempo y te alimentes de ellos. Quiero que desayunes, almuerces y cenes todo lo que hacen y cómo lo hacen. No hay posibilidad de ayudar a otros si no te alimentas y te ayudas a ti mismo.

Luego de haber terminado el libro de Rachel, hice nuevamente mi lista, y les confieso que había cambiado nuevamente. Tengo en ella amigos, familiares, colegas y mentores que me ayudan en una faceta u otra, dependiendo de sus fortalezas. Unos en creación de ideas, otros en mentalidad empresarial, algunos en controlar mis emociones, etc. Y ¿sabes qué?, seguirá cambiando a medida que tus prioridades y nuevos proyectos sigan evolucionando. A medida que creces, tu mentalidad también lo hace. A medida que alcances más niveles de éxito, necesitas compartir con personas que hayan vivido lo que tú estás experimentando. Eso no te hace malo, tampoco te hace egocentrista, eso es ley de vida empresarial. Tú creces y necesitas personas que te ayuden a seguir creciendo. No quiere decir que los que estaban ya no son útiles, o ya no me pueden ayudar… es simplemente que así como vamos modificando nuestras prioridades o nuestro enfoque, habrá otros con esas fortalezas, y eso son los que deben ocupar la mayoría de tu tiempo.

En mi anterior libro hablé del primer evento de emprendimiento que asistí, donde su creadora se llamaba Alessandra Correa. Un día planificamos desayunar, luego de haber hablado un poco por las redes sociales. Tan pronto llegué, ella comenzó a hablarme de lo difícil que era el mundo empresarial, de cómo se manejaba la competencia y lo fuerte que es estar expuesto en las redes sociales 24/7. También me hablaba de los miedos y de otros consejos que estaré hablando en otros capítulos. Ella hablaba sin preguntarme nada, continuaba y yo escuchaba detenidamente, con la mente a mil, pensando "si ella supiera que estoy viviendo todo eso en estos momentos". Mis ojos se abrían bien grandes y se me aguaban mientras ella hablaba. Yo no tuve que decir ni una palabra. Y en un momento me dijo: "Vero, yo sé lo que estás pasando, porque todo lo que has vivido, yo lo viví. Tú me recuerdas a mí hace años atrás. Y vas a hacer esto, esto y esto". Desde ese día, Ale —como le digo de cariño— se ha convertido en una pieza importante en mi camino empresarial. Ella sabe cómo decir las palabras correctas en el momento perfecto. Si tengo una duda, le envío un mensaje de texto y ella tiene la respuesta. No porque es perfecta, sino porque ella ha vivido la experiencia. Ella me alimenta y aprendo constantemente de sus conocimientos. Desayunar, almorzar o visitarla unas horitas en su oficina es una dosis de "mindset" (programación mental) espectacular para mí. Es como un *reset*. ¡Gracias Ale!

¿Cuál es mi recomendación? Examina constantemente cuáles son tus prioridades e identifica cómo las personas que te rodean pueden ayudarte en eso. Identifica si aquellos a quienes tienes cerca te alimentan o te secan, te ayudan o te drenan, sacan lo mejor de ti o te dan ansiedad. No quiero que dejes de ayudar al que necesita, simplemente invierte la mayoría de tu tiempo aprendiendo del que ha logrado lo que quieres alcanzar. ¿Quién te acompaña en el camino? Eso lo decides tú.

REALIDAD #2:

POCO TIEMPO, MUCHAS RESPONSABILIDADES

SOLUCIÓN #1: NECESITAS EL "KIT" DE AUXILIO MAÑANERO

Me levantaba en las mañanas y todo parecía un caos. Probablemente me había acostado tarde, así que la alarma sonaba y el botón de "snooze" (siesta) estaba la orden del día. Cuando finalmente abría los ojos, era un corre y corre por toda la casa. Me iba sin desayunar, sin maquillar, y mucho menos peinada. Corría a toda prisa y preparaba bultos para llevar a mi niño a su escuela. Cuando miraba el reloj, decía "ah, ya son las diez de la mañana" mientras trataba de convencer a Isac para que se bajara del auto. Luego llegaba a la oficina a hacer lo planificado, y ya era hora de almorzar. Comía con amistades, colegas o familia y ya eran las dos de la tarde. En dos horas ya tenía que buscar a mi niño nuevamente.

El tiempo pasaba velozmente y pensaba que no me daba, pero realmente lo que necesitaba era aprovechar el día. Un día llegué a casa y analicé: "¿Por qué mi productividad ha bajado? ¿Por qué no me alcanza el tiempo para crear contenido o analizar nuevos proyectos? La respuesta era muy fácil: estaba levantándome muy, muy tarde y perdía toda la mañana. En esos días vi una publicación en Instagram de Mel Robbins y su "5 Second Rule" (Regla de los 5 segundos). Me pareció interesante y recordé que su libro lo había comprado un mes atrás. Fui corriendo a la oficina que tengo en mi casa y comencé a leerlo. Y hay algo que me sucede con ese libro: siempre que llega a mis manos, me brinda un mensaje. Un día me preguntaron en una emisora de radio ¿Cómo desarrollas tu "mindset"? Mi respuesta fue "los libros". Por lo tanto, si estás aquí, es porque este libro tiene que enseñarte algo en esta etapa de tu vida.

En la regla de los 5 segundos, Mel dice que tienes solo 5 segundos para tomar decisiones, y que esto también te ayuda a cambiar la frecuencia de tus pensamientos, pero ¿en qué me ayudó esta regla? En aprovechar mi tiempo. En su libro habla del problema que tienen las

personas con levantarse a la hora que coloca-
ron en su alarma, y que el botón de "snooze"
puede ser el comienzo de un día totalmente im-
productivo. Recomienda que automáticamente,
al sonar la alarma, cuentes hasta 5 de manera
regresiva y te levantes de inmediato. Me sentí
totalmente identificada, y si algo bueno tengo
es que aplico rápido lo que aprendo. Esa noche
creé una alarma y le puse de texto "The 5 Second Rule". La mañana siguiente sonó la alarma
a las 6:00 a. m. y estaba a punto de tocar el botón "snooze", de pronto miro mi celular y veo el
texto "5 Second Rule"... ¡rápidamente comencé
a contar: "5, 4, 3, 2, 1" y ya estaba despierta! Me
vestí con la ropa de hacer ejercicio e hice un
workout de 25 minutos.

No es magia, es una estrategia para controlar esa mala decisión que has ido creando en tu
cabeza: posponer las cosas. Con esta regla estás
tan concentrado en contar tus 5 segundos, que
en ese poco tiempo no tienes pausa para pensar
en objeciones. Los expertos dicen que luego de
esos 5 segundos, despierta el lado racional de tu
cerebro que te dirá: "Pero ¿por qué no te quedas un rato más? Estas cómodo aquí, comienza
después...". Y así se te hará más difícil cumplir.

Te prometo que eso me ayudó muchísimo a comenzar mis mañanas con el pie derecho y aprovechar las horas del día. A las 7:30 a. m. mi hijo ya estaba en su escuelita y yo comenzaba mis tareas del negocio a las 8:00 a. m. La satisfacción de cumplir contigo mismo no tiene precio ni ocupa tiempo. Ojo, no se trata de la hora, sino de cumplir con lo que te comprometiste.

Otra herramienta que me ayudó muchísimo en este proceso, y aún lo hace, es el libro "The Miracle Morning for Entrepreneurs" ("La mañana milagrosa para emprendedores"). Wao, wao… este libro honestamente cambió mi vida. Sé que lo digo en muchas ocasiones, pero es que mis libros de alguna manera u otra lo hacen. En él se habla de los SAVERS, una estrategia que te dice lo que necesitas para tener una mañana increíble, y quiero compartirla contigo porque sé que te ayudará.

S = Silence (silencio)
A = Affirmation (afirmación)
V = Visualization (visualizar)
E = Exercises (ejercicios)
R = Reading (leer)
S = Scribing (escribir)

No importa el orden ni el tiempo que le dediques a cada parte. Lo importante es que se realice. Luego de hacer mis 25 minutos de ejercicios, comencé en las mañanas a aprender a escuchar el silencio, y te digo desde ahora que es superpoderoso. ¿Cómo concentrarte? Fácil, escuchando tu respiración. Luego escribía mi lista de agradecimiento y finalmente me sentaba a visualizar lo que quería, y a la vez afirmaba en voz alta lo que deseaba. Yo sé lo que podrías estar pensando "¿no pareceré un tonto?". Podrá sonar de esa manera, pero es una forma para comenzar tu mañana motivado y listo para completar esas metas del día. Todo esto te puede tomar de 15 a 20 minutos cuando estés comenzando. Primero 5 minutos en silencio, 3 minutos escribiendo, 5 leyendo y así sucesivamente. De nuevo, por el momento no importa el tiempo que te tome cada actividad, lo importante es tenerlo presente en tus mañanas. Luego crearás el hábito, así decidirás qué disfrutas más y el tiempo que dedicarás a esa tarea. Así que te obsequio los SAVERS, porque son mi kit mañanero. ¡Aprovecha tu mañana! Créeme que cuando comenzamos bien, dejamos el camino listo para que el resto del día nos vaya muy bien.

SOLUCIÓN #2: DISTRIBUYE TU TIEMPO SABIAMENTE

La pregunta que muchísimos me hacen es: "Vero, ¿cómo puedes crear un balance siendo esposa, madre y empresaria?". Acostumbro a colocar alarmas para que las tareas no me consuman más del tiempo determinado y pueda cumplir con todo. Pero también he aprendido que siempre le dedicarás más tiempo a algo en especial. Sucede sin darnos cuenta, es totalmente normal. Y te digo más: te va a pasar; pero se trata de ser intencional en todo momento. Quizá hoy estás de lanzamiento o tienes un proyecto especial, y tienes solo dos horas para compartir con tus hijos, pero al vivir con intención le darás las dos mejores horas de ti, ¿me comprendes? No es cantidad, es calidad.

Un día analicé a qué le dedicaba la mayoría de mi tiempo, y me di cuenta de que definitivamente era a mi negocio, y eso no era lo que quería. Tuve que establecer horarios, como por ejemplo "luego de las 7:00 p. m. no contestaré mensajes en mis redes sociales, y mucho menos los días sábado y domingo". Acordé nuevos días de trabajo: en estos momentos trabajo de martes a jueves, y tomo libre de viernes a lunes. Este tiempo lo uso para mi esposo, mi hogar y para mí. Yo lo decidí, tenía que hacerlo por el bienestar de mi familia y el mío. Lo escribí, lo internalicé, entendí por qué tenía que hacerlo y lo apliqué. Pensé ¿cuánto tiempo me dedico a mí misma? Y *boom*, de momento vino un recuerdo en mi cabeza cuando una amiga *coach* me hizo la prueba de la rueda de la vida.

La rueda de la vida se trata de un círculo que se dibuja en un papel y se divide en partes, reflejando las distintas áreas de tu vida. Cada área tiene un número del 1 al 5, desde el centro hasta el borde del círculo; y tú vas colocando puntos en el nivel que tú entiendes que estás. Mis resultados reflejaron que en el aspecto de dinero, negocios y metas claras, tenía un 4 o 5. En familia 4, y pasatiempos 1. Todo lo recordé al mismo tiempo y dije "necesito un pasatiempo y sacar tiempo para mí. Si yo estoy bien, lo demás estará bien". Desde que tomé esa decisión me siento feliz y comprometida. Estoy más relajada para atender a la familia y con mi mente clara para resolver todo en mi negocio. El tiempo que me dedico es mayor al de los demás, no es balanceado. Lee bien, no es perfectamente balanceado. Pero es perfecto para mí. Por eso te escribo, para que distribuyas tu tiempo sabiamente. Ya te dije que siempre, sin darnos cuenta, le dedicamos más tiempo a una cosa que a otra. Piensa, entonces, a qué le puedes sacar mayor provecho.

Si te preguntas qué hice de pasatiempo, te diré que comencé a tomar clases de tiro al blanco, compré una bicicleta, leo un libro de mi interés que no sea de negocios, y acostumbro todos los viernes a compartir con un amigo o familiar. Llego con baterías recargadas, lista para todo. Hasta mi esposo ha notado la diferencia. Me siento llena de ánimo para pasar tiempo con ellos y realizar actividades juntos. Ellos son mi otra prioridad, así es que he establecido fielmente cuáles son los horarios en la semana para estar con ellos. Mi esposo y yo amamos almorzar juntos, y cuando hemos terminado las tareas del día, realizamos actividades de manera espontánea, como ir al cine a ver una película. Nos encanta sorprendernos y pasar tiempo de calidad solos. José Luis Navajo en su libro *El contador de historias*, dice: "Si por perseguir mi sueño pierdo en el camino a quien ama soñar junto a mí, entonces hice el peor negocio de mi vida". Busca en Google "la rueda de la vida", haz el ejercicio. Te llevarás sorpresas o, mejor dicho, verás tu realidad. Anota en una hoja los ajustes que harás en tu vida para llenar eso que te falta, y planifica el balance perfecto de tu vida; no el que quieren decir los demás que es lo correcto.

SOLUCIÓN #3: GRACIAS, PERO NO PUEDO

Uno de los graves problemas que tengo en mi carrera empresarial es decir que no. Y es una realidad que el no saber decirlo me ha robado tiempo para muchas otras cosas que he querido realizar. Soy una persona que me presiono mucho, me pongo fechas fijas para tener listo cualquier proyecto, pero si una persona me invitaba a almorzar, por no decirle que no, yo iba a ese compromiso. Me tomaba más de una hora el almuerzo, y la tarea que tenía que hacer se veía afectada. Como quería cumplir con esa meta del día, lo hacía en la noche y afectaba el tiempo de la familia, e incluso las horas de descanso. Siempre quiero tener el tiempo con mi hijo, así es que de 4 p. m. a 8

p. m. no quiero hacer nada, solo leerle libros o jugar a las peleas entre un dinosaurio y un gorila. Cuando veía el nene acomodado en su cama, me ponía a trabajar. Me di cuenta que eran las 2 a. m. y yo continuaba trabajando, realizando aquello que debí haber hecho en el día, pero que no lo hice por no saber decir "perdona, honestamente no puedo ir a comer en este momento".

Sacrificar el tiempo de tu familia para perseguir tus sueños no es una opción; hay tiempo para todo, pero debes aprender cómo administrarlo. Respeta tu tiempo, porque cada cual sigue sus planes y tú te quedas sin completar los tuyos. El tema de aprender a decir que no (aunque lo discutiremos más adelante en el plano emocional), te adelanto que es necesario que lo pongas en práctica sin timidez alguna. Se trata de decir "no puedo" o "no quiero" porque afecta tu productividad. ¡Nos cuesta demasiado decirle a los demás "no puedo", pero qué fácil es decirle "espera, ahora no" a nuestros sueños, planes, metas y tiempo! No puede ser así. No se trata de pasar por la vida solo trabajando y trabajando... se trata de que tengas una estructura y digas, por ejemplo, "los viernes voy a tener un almuerzo con un compañero", y así organizas y distribuyes correctamente el tiempo. No dejes que los demás, sean amigos, colegas, o hasta familiares, eliminen de ti lo más preciado: tu tiempo. He aprendido que es muy valioso, y que no se detiene, pero tú decides cómo quieres verte cuando el tiempo haya pasado.

REALIDAD #3:

SENTIRÁS QUE TIENES UN "DESMADRE"

SOLUCIÓN #1: PLANIFICA CLARAMENTE TUS METAS

A medida que mi negocio crece, la mente no se detiene. Siempre estoy pensando en qué es lo próximo. Cuando llené mi evento "Aprende a Crear Tu Tienda Online" con más de 550 personas, muchos me preguntaban: "Vero, ¿cómo te sientes?"; y yo respondía "bien, pero hay que hacer más". Cuando llenamos el evento de "Be An Entrepreneur: Crea tu Empresa y Libérate del Ponchador", con más de 600 personas, mi hermano me felicitó y le contesté: "Ahora tenemos que hacer uno más grande"; y así he sido en los múltiples eventos que he tenido la oportunidad de realizar. No quiero que pienses que soy ingrata, siempre agradezco a Dios por todas las oportunidades que me regala, simplemente reconozco que queda mucha gente por ayudar. Hay un mundo allá fuera que debe conocer que el comercio electrónico es una oportunidad para todos. Siempre he pensado que lanzándome a lo grande es una forma en la que puedes ver todas las cosas que puedes realizar, en vez de esperar pensando "algún día haré esto". Y ese es el problema de muchos, nos quedamos en el "algún día", y sin accionar. Así es que no pasa un proyecto, y ya estoy planificando el otro.

¿Cómo planifico?

Me siento a pensar y creo un bosquejo:

1. ¿Cuál es el propósito del proyecto?
2. ¿Qué deseo lograr o alcanzar con este proyecto?
3. ¿Para quién es este proyecto?
4. ¿Qué necesito para que esto sea posible?
5. ¿Cómo ayudo a los demás con mi proyecto?
6. ¿Cuál será el plan de mercadeo?
7. Y, finalmente, le pongo fecha y hora al

proyecto, una fecha precisa y clara. No caigo en la imprecisión de solo decir "en verano", o "en julio", o "en la mañana" o "la noche"; tenemos que ser directos: por ejemplo, el 26 de julio de 2022 de 9 a. m. a 1 p. m. De ahí comienzo a llamar a los lugares, proveedores, herramientas o colaboradores que necesite, y comenzamos con la etapa de prelanzamiento.

¿Qué utilizo para organizarme?

Uso varias cosas, y quiero compartirlas contigo. Recuerda que existen muchas más. Identifica tu modelo de trabajar y comienza. Una de las herramientas más importantes para mí es el calendario. ¡Me imagino lo que estás pensando! Y lo sé, lo sé... lo tenemos hasta en el celular; pero me gusta comprar el típico calendario enorme. Aquel que tiene una hoja por mes y tiene un cuadrado por día. Lo uso para planificar de una manera más macro. Anoto los días de lanzamiento de mis proyectos, y uso distintos colores para identificar los días que son para educarme, reuniones con el equipo, reuniones con mis clientes, crear contenido y los días libres. Para irme al detalle, uso unas libretas que se llaman "Five days a week".

Sí, lo sé... ¡soy de la "vieja escuela"! Aquella que anda con sus "journals", libretas llenas de notas adhesivas, resaltadores de texto y *stickers*. Y te cuento algo más... me encanta aplicar el resaltador para indicar que esa tarea ya está realizada. ¡Adoro esa sensación! En estas libretas escribo al detalle cuál es el contenido a publicar, temas importantes a discutir con clientes, tareas indispensables para planificar algún proyecto y así sucesivamente.

También siempre tengo al día mi "Google calendar" en mi celular. Ahí coloco todas las mentorías con estudiantes, reuniones, citas médicas o lo que sea necesario. Lo bueno de esta plataforma es que me envía recordatorios días antes para asegurarme de no olvidarme de trabajar con ese nuevo proyecto. Claro, siempre uso la tecnología: mi tableta para tomar notas en reuniones es importante, y me gusta separar libretas digitales para cada cliente o proyecto.

¿Cómo lo hago realidad?

Esta es una pregunta que muchos me hacen. La verdad es que provoco que se haga realidad. Por ejemplo, si quiero hacer un *live* contándole a las personas cómo me afilio a compañías para generar dinero adicional, rápidamente hago un *story* en Instagram informando a todos que lo estaré realizando. Creo un arte en *Canva* y lo publico en mis redes sociales: "el día tal estaré en un *live* hablando de esto". Créanme que eso me obliga a prepararme para hacerlo realidad. Siempre le digo a mi comunidad qué haré, y me expreso como si ya lo estuviera trabajando.

Saber que mis seguidores están esperando ese libro, curso o blog, provoca que comience con esa meta lo antes posible. Y así hago con todo: con mis eventos, mis productos para la tienda online, mis "en vivo", *webinars*, entre otros. Así es que la receta principal de cómo hacerlo realidad es, como decimos en Puerto Rico, "tirándote de pecho". Haz esa llamada, firma ese contrato (claro, analizando y leyéndolo bien), anúncialo aunque no sepas cómo lo harás realidad. Eso te ayudará a hacerlo sí o sí.

SOLUCIÓN #2: DEJA DE POSTERGAR

La postergación es la alarma de terror de todos. Muchos seguidores y hasta amigos o familiares me dicen "quiero hacer esto o lo otro", entonces se reúnen conmigo, les doy mis consejos… ¡y ahí queda todo! Están todo el tiempo en el deseo, pero nunca conocerán la satisfacción de verlo realizado. Maxwell dice que más del 60 % de las personas que van a cursos o charlas, salen de ellas dejando en una gaveta la libreta en donde escribieron todo lo aprendido; y los expertos del internet dicen que el 85 % de las personas que compran un curso, no lo usan. ¡Increíble! Todo se queda en esa libreta y luego… cero aplicación de conceptos.

Provocar que las cosas sucedan me ayuda a evitar dejar las cosas para después, por eso quiero compartirte lo que hago para evitar la postergación. Estos consejos los adapté luego de aprenderlos en el libro *Principios y Poder de la Sabiduría*, por Dale C. Bronner.

1. Reconoce qué es lo que está provocando que postergues esa meta: Identifica qué provoca que sigas postergando ese proyecto. Conociendo la causa, puedes crear un plan para evitar que esto suceda. Por ejemplo, si tu meta es bajar de peso, y la causa de la postergación es que no te gusta hacer ejercicios, puedes contemplar un pasatiempo como nadar, e indirectamente te ayudará a mantenerte en forma sin notarlo. Siempre hay solución, pero es difícil encontrarla si no reconocemos qué es lo que afecta el progreso.

2. Dale fecha a los proyectos: Como te había mencionado, colocar fecha y hora a las metas es extremadamente importante. No solo la fecha del lanzamiento del proyecto, sino las distintas fechas de producción para que la meta sea posible. Escribe metas que te impulsen, pero a la vez que no sean exageradas, de manera que puedan terminar desanimándote.

3. Accionar: A menudo me entrevistan y me preguntan: "¿Qué consejo le puedes dar a esa persona que desea emprender, pero no se atreve?". El consejo que siempre doy es "Tienes que tomar acción". No importa lo que tengas, no importa lo que se necesite, ¡comienza! Durante el camino ajustamos tuercas, buscamos más herramientas o pedimos ayuda. El mejor momento para comenzar es ahora. Nunca hay momento perfecto, no lo esperes porque no va a llegar.

4. Pide ayuda, pregunta o delega: No te hace menos empresario pedir ayuda o delegar ciertas actividades. Una de las cosas que me ha permitido tener más tiempo, fue delegar a otras personas para que contestaran mis mensajes de las redes sociales, mi correo electrónico, entre otros. Eso me consumía mucho tiempo, así que delegar me ayudó a optimizarlo y utilizarlo en el desarrollo de nuevas ideas.

En ocasiones, sin haber comenzado, pensamos que lo que estamos por hacer es muy difícil; y con tan solo una llamada, lo que creíamos que iba a ser una locura se resolvió en unos minutos. Piensa en cuáles son tus debilidades, identifica quién puede ayudarte y llámalo o envíale un email. Otra cosa: pregunta, pregunta, pregunta... La pregunta más tonta es la que no se hace. Y los líderes y empresarios exitosos se forman preguntando y escuchando.

5. Desintoxícate de las distracciones: Deja esa serie o la telenovela para una hora en particular.

Aprende a reconocer qué te está desconcentrando o alejando de tu enfoque. Te prometo que luego habrá tiempo para esa serie. ¿Me crees si te digo que ahora es cuando estoy disfrutando esas series de las que hablaban hace dos años atrás? Y no sabes cómo las disfruto. He ganado por partida triple, tengo mi negocio, cumplí conmigo misma y ya vi "La casa de papel"... "win-win situation".

6. Mente positiva todo el tiempo: Si andas anticipando un mal día, problemas en tu negocio o que esa idea está muy difícil de hacer, así será. Está probado que las señales que le damos al cerebro se reflejan en nuestro comportamiento, estado de ánimo y, por consiguiente, en la productividad. De hecho Xavier Cornejo, en su libro El Puente, dice que una persona promedio tiene entre 12 000 y 60 000 pensamientos ¡al día!, pero que el 80 % de esos pensamientos son negativos, y el 95 % son pensamientos repetidos del día anterior. ¡A mí me quería dar algo!

Si no somos conscientes de estas estadísticas y no tenemos el poder de controlar lo que pensamos y cómo pensamos, ¡imagínate a dónde se nos van las ideas, los proyectos y los anhelos!

Levántate con la regla de los cinco segundos, trabaja con tus SAVERS, escucha música que te pone contento, y anota todas las cosas que te hacen feliz: música, olor, color o momentos divertidos; y grita a los cuatro vientos "¡todo estará bien y yo puedo con todo!".

7. Necesitas rendir cuentas con alguien: Lo dejé para el final, y no porque es lo menos importante, es porque quiero que te lo lleves en la cartera o en el bolsillo de tu pantalón. En primer lugar, necesitas buscar una persona que haya logrado lo que tú deseas lograr, como mencionamos en la realidad #1 de este libro; y, segundo, que esa persona te quiera tanto que desee lo mejor para ti y esté dispuesta a apoyarte en el camino.

Tengo una amiga muy cercana que es mi mano derecha en el tema de rendir cuentas. Ella conoce desde ese día que me levanté con la adrenalina a mil con este nuevo proyecto, hasta cuando me frustro porque ocurrieron situaciones que no esperaba y me retrasaron la meta. No hablamos todos los días, pero sí un texto cada dos o tres días es más que suficiente para preguntarnos cuál es el estatus de este u otro proyecto.

Es una realidad que en ocasiones no hacemos las cosas por nosotros mismos, pero sí por los demás. Sabemos que ellos nos van a preguntar cómo vamos y necesitamos dar una respuesta. De hecho, he podido escribir mis libros gracias a las reuniones que tengo con mi director. Yo sé que diariamente tengo que escribir porque Xavier Cornejo cada semana necesita leer algo de mí para apoyarme a avanzar en el proyecto. Conclusión: rinde cuentas a alguien, eso evitará tu postergación.

SOLUCIÓN #3: CREA HÁBITOS, ORGANÍZATE Y ESTABLECE PRIORIDADES

Te voy a enseñar algo clave que realizo a comienzo de año, pero que realmente lo puedes hacer en cualquier momento. En el libro "Tu mejor año", de Michael Hyatt —un autor que admiro muchísimo y me encanta su trabajo—, aprendí cómo hacer una lista de metas y luego dividirlas en metas de logro y metas de hábito.

Una meta de logro es aquella que se completa en un tiempo determinado, por ejemplo "quiero publicar mi segundo libro para febrero 14 de 2024". Esa es una meta clara y precisa, pero luego de lanzar el libro no hay más nada que escribir, a menos que sea un tercer libro, y eso sería otra meta de logro.

Una meta de hábito es aquella que no tiene fecha final determinada, por ejemplo: "todas las mañanas quiero tomarme un té y meditar por 15 minutos". Es algo que ocurrirá siempre y que será parte de tu estilo de vida. Pero a estos consejos, como siempre, los transformo, los aplico y quiero compartirlos contigo.

Primero creo mi lista de metas y la divido en dos partes. Identifico cuáles son las metas de logro y cuáles son las metas de hábito. A las metas de hábito les coloco hora, y mido el tiempo que me van a tomar. Esta información la coloco en mis hojas de "5 days a week" o en mi Google calendar.

¿Cómo me preparo para crear el hábito?

Siendo constante y disciplinado. No hay otra forma de que lo logres, necesitas disciplinarte. La rendición de cuentas con un amigo también te puede ayudar en esto. Envíale mensajes con fotos de los ejercicios que hiciste en la mañana, o enséñale el *yoga mat* indicando que ya meditaste (no hagas trampa, medita de verdad). Mientras escribo este libro, llevo meses yendo al gimnasio con la ayuda de un entrenador personal. Siempre he tratado de crear el hábito de ejercitarme porque reconozco los beneficios, pero específicamente el hábito de ir al gimnasio cada mañana, era algo que deseaba hacer desde mucho tiempo atrás, y lo veía retador. Todos los días, llegando o saliendo del gimnasio, publicaba en mis redes sociales el proceso. Mi comunidad comenzaba a ver los cambios en mi cuerpo y sus mensajes me motivaban a seguir. En un abrir y cerrar de ojos lo había hecho parte de mi rutina, y actualmente tengo que admitir que se ha convertido en mi hora favorita del día.

Dicen que un hábito se forma en 30 días, yo te diría que en 60 días. Necesito que entiendas que el tiempo va a pasar quieras o no, y solo tú decides cuáles deseas que sean los resultados. John Maxwell dice: "Todo lo que vale la pena es cuesta arriba. Todo lo que desee en la vida, todo aquello por lo que le gustaría esforzarse, es cuesta arriba, lo cual significa que la búsqueda de ello es desafiante, agitadora, trabajosa, extenuante y difícil". Así es que, querido amigo lector, con o sin ganas de hacerlo, hay que trabajar.

Cuando la motivación se va porque nos sentimos cansados, ahí entra la disciplina. ¿Cómo evito romper el hábito? Recordando una y otra vez en mi mente lo que deseo, cuál es el propósito y por quiénes lo deseo lograr. Así me alejo de las excusas, distracciones y justificaciones. Me puedo detener y ver qué ocurre, o tomar acción y ver cómo suceden los resultados. Tener un hábito es un compromiso, uno contigo mismo, ¿qué más importante que eso? Esto no es de la noche a la mañana, es un proceso y toma tiempo, pero, nuevamente, vale la pena.

Luego de establecer y visualizar las metas de hábito, paso a escribir las metas de logro. Para ello tomo un papel tamaño carta, lo doblo dos veces, creando cuatro pedazos y formo cuatro trimestres. Enero a marzo, abril a junio, julio a septiembre y octubre a diciembre. Allí distribuyo en los trimestres mis listas en orden de prioridad.

¿Cómo sé cuál es la prioridad?

Hago un análisis entre lo que es más importante para mí, lo que me toma menos tiempo realizar y lo que puede generar dinero más fácil y rápido. De ahí determino qué quiero hacer en cada trimestre.

¿Para qué me ayuda esto?

Esto me ayuda a no abrumarme con tantas metas. Aunque no lo creas, el querer hacer muchas cosas nos desanima, y no hacemos ni una ni la otra. Como dice el refrán "el que mucho abarca, poco aprieta". Así es que yo me enfoco y concentro mi energía en proyectos que quiero lograr ese trimestre. No pienso ni miro lo que tengo que hacer después, porque eso será luego. Me enfoco en lo que tengo que hacer ahora. Soy bien detallista y específica con las metas. Por ejemplo, si para el trimestre de octubre a diciembre 2023 quiero estar en la etapa final del diseño de mi libro, entonces sé que para el trimestre de abril a junio 2023 tendría que haber empezado a escribir mi manuscrito. Con esto te digo que debes apuntar no tan solo la meta de logro en los trimestres, sino también

69

el proceso o las etapas que se necesitan para hacer eso realidad. No quiero que llegues a ese trimestre viendo que no es medible esa meta porque debiste comenzar meses antes a buscar recursos, propuestas o auspicios, y no lo hiciste porque no lo anotaste.

Ten en cuenta que no es posible lograr mi meta de logro como lanzar un libro, si no tengo la meta de hábito de escribir "x" cantidad de palabras todos los días de 6 a 7:30 de la mañana. No es posible cumplir con mi meta de logro de perder 30 libras de aquí a que acabe el año, si no coloco las metas de hábitos de comer bien y ejercitarme 4 a 5 días a la semana. Lo que esto quiere decir es que toda meta de logro está acompañada por metas de hábitos. Ambas metas se complementan y trabajan con un solo objetivo: que te vuelvas mejor como persona, empresario, padre o cualquier otra cosa que quieras ser o lograr.

TIP DE ÉXITO

Crea tu carta de compromiso. Eso me lo enseñó una mentora y aún me ayuda mucho. Escribe cómo te sientes ante este nuevo proyecto, cómo lo vas a lograr, para cuándo lo vas a lograr y cómo te sentirás cuando lo veas hecho realidad. Halágate, háblate bonito, escribe que eres inteligente, capaz, disciplinado, comprometido y que tienes todas las habilidades y herramientas necesarias para lograrlo. Detalla los días y las horas que trabajarás con ese proyecto. Te aseguro que al leer esta carta no tan solo te ayudará a motivarte y continuar, sino que —cuando hayas logrado esa meta— te hará llorar y llorar de orgullo y felicidad. ¡Anímate!

REALIDAD #4:

LAS SITUACIONES NEGATIVAS NUNCA FALTAN

SOLUCIÓN #1: "DEJA DE LLORIQUEAR"

En varios medios de comunicación me han nombrado la principal educadora de *e-commerce*, y esto es algo que me tomo con mucha responsabilidad. Tanto así que me molestaba ver a otros haciendo lo mismo que yo. Algunos utilizaban exactamente las mismas palabras que yo usaba para mercadearme, los mismos textos y colores; y sus temas a discutir en sus cursos eran los mismos temas que los míos. Eso me tenía drenada y molesta. Honestamente no podía manejarlo, me tenía muy incómoda. Me preguntaba "con tantos temas que hay, ¿por qué me tienen que copiar?".

Algunos educaban sin tener la más mínima idea de lo que es tener una tienda en línea. No conocían los procedimientos reales que se tienen que hacer y las situaciones que se viven en el día a día cuando procesamos órdenes, cuando el proveedor tarda en enviarte un producto, cuando el cliente quiere una devolución o cuando a Paypal le da por retener tu pago.

Otros se promocionaban con frases como "llega hoy sin tienda, y saldrás con diez productos y tu tienda estará lista". Yo me aterraba, ¿cómo pueden el mismo día enseñar cómo se usa una plataforma y escoger productos sin analizar, sin mandar a pedir uno previamente para ver su calidad, tiempo de envío y servicio del proveedor? Siempre le aconsejo a mis estudiantes "quien no planifica, planifica fracasar. Comienza con un objetivo final en mente", y les proveo seis preguntas que deben contestar antes de intentar lanzar una tienda online. Les explico lo que deben realizar antes de escoger el producto; que todo es una inversión, que aunque nos tardemos, nos aseguramos de que estamos escogiendo el producto perfecto. ¡Y entonces otros te dicen que el mismo día tendrás diez productos para vender! Sí, saldrán con los productos, pero ¿se venderán? ¿Se aseguraron de tener productos potenciales? ¿Realizaron un estudio de mercado? En fin, eso me agobiaba; quería controlar mi negocio y el de los demás. Mi pensamiento constante era "me copian, me copian, y me copian".

Un día desayunaba con una de mis mentoras. Mientras hablábamos, ella me confesó: "Recuerdo que antes creía que todos me copiaban, ese era mi pensamiento constante. Hasta que un día mi mentora me dijo: «*Deja de lloriquear, ¿qué te sucede, tienes miedo? A ti nadie te copia, tú estás inspirando*»". Abrí mis ojos mientras la escuchaba, ¡ese era el lema que siempre rondaba por mi cabeza! Ella continuaba: "Desde ese día, he cambiado la manera de ver las cosas. Vero, es inevitable ser de influencia a medida que crecemos, y tenemos que entender que eso va a suceder".

Ese día cambió mi vida y la manera de ver las cosas. Comencé a analizar que inspirar a otros es parte del crecimiento empresarial, que es hasta necesario, y que debes tener la madurez suficiente para identificarlo, alegrarte y "dejarlo fluir". No alejes a esas personas que quieren hacer lo mismo que tú. Al contrario, yo aprendí a escribir, felicitar y hasta colaborar para juntos hacer mejores proyectos. Tan pronto cambié mi forma de pensar me sentí mejor conmigo misma, y lo uso como recurso día a día, no tan solo para mí, sino para los que me siguen.

Un día, una amiga me escribió, preocupada: "Vero, estoy ofreciendo un curso, una persona me quiere comprar y no sé si vendérselo". Le contesté: "¿Por qué?". Ella me respondió: "Me da miedo que use mi curso para luego copiarse, porque tiene una página de negocio parecida a la mía". Ya saben lo que le contesté: "Amiga, deja de lloriquear, ¿Tienes miedo de que esa persona pueda ser mejor que tú? Estás creciendo, es inevitable que estas cosas sucedan porque cada día que pasa estamos inspirando". Ella lo entendió rápidamente y me agradeció el consejo. Yo me reía hasta sola, qué irónico resulta enseñar lo que por mucho tiempo me costó aprender. Y es cierto, en ocasiones la copia es demasiado fuerte. Y tú eres consciente de que ese proyecto o idea te costó horas analizándolo, trabajándolo... y claro que da coraje o frustración; pero recuerda que en el emprendimiento es 10 % lo que te sucede y 90 % cómo reaccionas ante lo que te sucede. Lo que está en tu mente, tu estilo, espontaneidad y creatividad, nadie te lo puede quitar o duplicar. En mi caso, yo hago tanto y tanto, que cuando se inspiraron en algo de mí, ¡yo me encuentro en otra etapa! Le llamo "subir la barra de entrada". Algo que prometo explicarte más adelante. Así es que ahora, cada vez que veo a alguien haciendo lo mismo que yo, sonrío, y pienso "estoy inspirando y estoy creciendo".

Si estás pasando por esto, no tienes por qué temer. Al contrario, siéntete bien al ver que otras personas quieran seguir tus pasos. Si eso está ocurriendo es porque estás marcando un precedente; algo tienes que estar haciendo bien para que otros se sientan inspirados por ti. Y, señores, vamos a ser honestos: la creación de buenas ideas ante nuevos proyectos siempre es influenciada por algo. Estoy segura de que esa idea que sientes que es totalmente tuya, de alguna forma u otra fue inspirada por algo que viste, escuchaste o hasta leíste en algún libro. Los más grandes líderes indican que la rueda está inventada y que no es nada malo tomar una idea, hacerla tuya y convertirla en algo mejor. Lo veo como cuando tenemos un libro de recetas de cocina. Seguimos todos los pasos, pero siempre le añadimos un ingrediente para que tenga una nueva sazón y así crear una comida espectacular. Saca el pañuelo y sécate las lágrimas. Inspirar a otros es algo para sentirse orgulloso.

SOLUCIÓN #2: NO TIENES COMPETENCIA

Frecuentemente las personas me preguntaban cómo manejaba la competencia, y acá va mi respuesta: fue algo que tuve que aprender, y de forma apresurada. Abracé el nuevo pensamiento que te voy a enseñar a continuación, y lo estoy haciendo parte de mí, ahora y por el resto de mis días.

Sé que podrá sonar a cliché, pero la verdad es que siempre pienso que la competencia soy yo misma. Tengo una obsesión con probarme siempre. Cuando mis clientes me dicen "no he vendido en la tienda porque la temporada está mala, o porque la competencia tiene mejores precios, o porque mi audiencia encuentra caro mis productos", mi respuesta es simple: algo tienes que estar haciendo mal, o no estás trabajando lo suficiente. Quizá estás atrayendo el público equivocado. Que existan otras marcas que se dediquen a lo mismo que tú, no puede ser justificación o excusa para que no puedas ver tus resultados; porque siempre habrá público para todo el mundo. Harv Eker, en su libro "Los Secretos de la Mente Millonaria", dice que las justificaciones, excusas y las culpas, son limitantes para crecer económicamente; y yo a esto le añadiría que nos limita el crecimiento emocional e incluso el estar seguros de nosotros mismos.

Me he enterado de personas que se comparan conmigo sin conocerme. Me han echado la culpa por los fracasos que han tenido con sus proyectos. Mi respuesta es siempre la misma: si esa persona deja de mirarme y comienza a enfocarse en sí misma, podrá obtener la solución a sus problemas. Si tú eres el dueño de una marca o creador de un negocio, tienes las herramientas para ser siempre diferente. Eres la mente maestra. Demuéstrate a ti mismo las cosas grandes que puedes hacer. ¿No estás viendo resultados como antes? ¡Vamos a trabajar! Deja de usar como pretexto lo que te rodea para justificar lo que quizá no estás haciendo. El problema no son los demás, el problema eres tú. Estás tan aferrado en ver lo que hacen los otros, que no has podido mirar con detenimiento y pensar qué puedes estar haciendo que no te está dando resultados.

¿Quieres un consejo? Esconde todos los anuncios en las redes sociales de esas personas que puedan provocarte ese picor molestoso. Ese ardor en el pecho de pensar que ellos son tu competencia. Esa inquietud podría ser normal al comienzo, y no va a parar hasta que tú mismo sepas controlarlo. Luego será como otra herramienta que tendrás de forma automática para protegerte y continuar. Te prometo que yo no veo nada de lo que hacen los demás y que se dedican a lo mismo que yo. No me gusta enfocarme en otros, porque sé que yo soy la creadora de mis propias ideas y responsable de mis resultados. Yo quiero tener el total control de mi negocio. Me gusta permitir que mi creatividad vuele sin pensar si otro ya lo está haciendo. Nunca trabajo con esa inquietud de no estar haciendo algo que ya otros han hecho o hasta publicado, porque nunca miro lo que hacen los demás, trabajo con mis proyectos, con las metas que fueron trazadas desde principios de año y sigo firme hasta obtener mis resultados. Algunos aseguran que "mirar a tu competencia" es un recurso para mantenerte a la vanguardia, y pudiera ser verdad; de la competencia podemos ver qué cosas hacen bien para inspirarnos o que cosas hacen mal para no cometer los mismos errores; pero si mirar a quienes crees que son tu competencia directa no te hace bien, no te hace progresar y afecta tus emociones, entonces debes alejarte un poco de esa distracción y continuar.

Yo creo en ser mi mejor versión. En analizar qué otras cosas me faltan por hacer y de qué otra forma puedo ayudar. Mi estudio de mercado, y el que recomiendo a mis estudiantes, es mirar y analizar lo que están haciendo "los duros" de la industria. Tomo influencias de líderes grandes de otros países, ideas de las grandes marcas, leo artículos educativos, y de ahí —junto con mi tiempo a solas que utilizo para crear— desarrollo proyectos que yo misma luego no puedo creer cómo se me ocurrieron. He aprendido a ser un "lobo solitario" en el desarrollo de ideas de mi negocio, aunque luego lo pueda compartir con algún mentor o colega para conocer su opinión. Trabajo siempre pensando cómo esta nueva idea puede contribuir a mis clientes, estudiantes o seguidores.

Analiza siempre lo que estás haciendo; quiero que todo lo que hagas sea porque tiene un propósito y una razón de ser. La competencia sigues siendo tú. A la hora de la verdad, cada cual tiene su estilo y su forma de trabajar. Eso es lo que realmente las personas buscan, con quién conectar y sentirse cómodo. Necesito que sepas que habrá personas que te van a adorar y otras no. Para esas que no les simpatizas, ¡qué bueno que siempre hay más alternativas para ellos! ¡Tranquilo!

SOLUCIÓN #3: ALÉJATE DEL CHISME Y NO LO TOMES PERSONAL

Lo siento, querido lector, esto te ocurrirá sí o sí: personas que vienen a traer indirectas o chismes de otros. ¿Te ha pasado que vas a almorzar con alguien y todo su tema de conversación es hablar de qué hace aquel o el otro? A mí también. Notaba que cada vez que me hablaban de lo que otros hacían o dejaban de hacer, o de lo que otros opinaban o hablaban de mí, indirectamente me afectaba. Podía aparentar que no me importaba, pero luego se me calentaba la sangre y ya quería tirar indirectas por las redes sociales o comenzar a mirar otros perfiles para ver cómo me atacaban. Eso es un gran error.

Pero aprendí dos cosas: primero, que las opiniones de los demás no tienen por qué ser tu realidad. Esa es su opinión y no podemos hacer nada con eso. No le des tanta vuelta a lo que no puedes controlar. ¡Sooo...! ¡no lo tomes personal! Lo segundo que aprendí, fue que el verdadero problema no es quién lo dice, es quién te trae esa información. ¿Cómo lo puedes resolver? Simple. Hablando o ignorando. Un "ya no me digas nada, no quiero saber más, gracias", es suficiente. O algo como "¿viste lo nuevo que llegó en Instagram?". Esa es la postura que he decidido tener, y es lo mejor que me ha pasado. No tan solo lo hago por mi bienestar emocional, sino que educo a quien me rodea. Le enseño que no puede traerme comentarios negativos de nadie y que sería mejor que seleccione otra persona.

No permito que nadie me llene de pensamientos negativos, que estos consuman mi tiempo y no me desarrollen como profesional. No me enseña nada y no aporta a mi mentalidad positiva. Si no quieres alejarte de esa persona que llega a ti a contarte chismes, edúcalo. Sincérate, con cariño, pero directo. Algunas de mis colegas que también son amigas, por ejemplo, saben que hay ciertas personas de las que no debemos hablar. Simplemente no existen. Yo reconocí que hablar de ellas me consumen tiempo y traen negatividad a mi vida. No lo permito.

Y una última cosa. ¡Cuidado con lo que sale de tu boca! Hay cosas que es mejor no decirlas. Puede ser tu opinión, lo dices con cariño, y luego pueden tergiversarlo y crear una controversia. Si estás en un grupo y comienzan a hablar de personas que no están presentes, sal de ahí. ¡Aléjate de los chismes! Aquellos que hablan de los demás son los primeros en hablar luego de ti. Créeme, sucede.

SOLUCIÓN #4: NO CUENTES TUS PROYECTOS

Está solución es simple. He aprendido a tener mi vida empresarial lo más íntima posible. ¡Me ha costado mucho aprenderlo! Al comienzo de mi carrera me rodeé de mucha gente, quería caerle bien a todo el mundo y compartía siempre lo que estaba por hacer. Aprendí que no todos quieren verte bien; o quizá quieren verte bien, pero no mejor que ellos. Nos miran de una forma, pero no sabemos lo que piensan. Ese tipo de energía carga y drena. Recuerdo que estuve dos meses encerrada en mi casa grabando mi programa educativo *Ecommerce Avanzado* y nadie lo sabía. Era un programa que iba a ser el comienzo de una nueva etapa en mi negocio. Entrar al mercado latino de los Estados Unidos era una meta que estaba proyectado desde *La Magia de Reinventarte*. Este proyecto era tan importante para mí que no se lo comenté a nadie. Cuatro personas lo sabían, y dos de ellos eran familia. Grabé más de 100 módulos, preparé páginas de capturas, automaticé correo electrónicos, mi diseñadora gráfica creó los artes, y no fue hasta que tocaba anunciar la primera clase gratis, que hice unos *stories* en Instagram para anunciarlo y los envié a que se registraran en la web. Ese proyecto era de mucha importancia para mí y no quería que nada ni nadie pudiera afectar ese gran paso. No digas tus ideas, no te expreses con nadie a menos que sea de tu entera confianza. Si tienes un proyecto, que se enteren cuando lo vean hecho realidad.

SOLUCIÓN #5: DESINTOXÍCATE... ¡ESTO ES LITERAL!

Jamás había entendido cuán importante es cuidar de tu interior para poder reflejar lo mejor de nosotros en el exterior, me refiero al interior de forma física y emocional. Cuando pasaba por uno de mis retos más fuertes, llenar mi primer evento de 500 personas, no tan solo tenía la presión de vender cientos de boletos en un local más costoso, también tenía una logística y coordinación más grande, y estaba en boca de todos. Recuerdo que comentaban "¡Cómo se le ocurre hacer un evento tan grande en pleno verano y fin de semana de 4 de Julio!". "¡Está loca!". "Creo que ha tenido que regalar boletos para que se vea lleno". Ahora me río mientras lo escribo, pero en ese momento estar en la boca de mucha gente provocó que la inseguridad y el miedo tomen control de mí. Mi cuerpo estaba agotado y me sentía muy cansada.

En una oportunidad le creaba una tienda online a una doctora. Uno de sus productos era una guía digital de jugos de frutas y vegetales para tener una limpieza a nivel celular. Mientras le creaba la tienda, me llamó la atención y le pregunté por lo jugos. Cuando me explicó todos los beneficios que tenía, decidí hacerlo. Recuerdo claramente cuando la doctora me dijo: "Te estaré escribiendo todos los días porque no es fácil. Podrás estar de mal humor, te llegarás a sentir débil y quiero estar para apoyarte". Como de costumbre, hice un video en las redes sociales dejándole saber a todo el mundo que comenzaba un *detox* por cinco días donde solo consumiría frutas y vegetales. Ya saben, se trata de rendir cuentas para lograr una meta. Muchos me llenaron de sus buenos deseos, y pensaban que lo hacía para bajar de peso. La realidad es que lo hacía por dos motivos: primero, agradar a Dios de alguna forma por ayudarme en todo ese proceso; y, segundo, sabía que necesitaba una limpieza en mi cuerpo. Esa limpieza representaba sacar todo lo negativo que pudiera estar a mi alrededor. Durante esos cinco días me puse bien emocional, sudaba como si estuviera rompiendo un vicio, tomaba jugos cada dos horas, y hasta mi esposo tenía que comer lejos de mí para que no me dieran antojos. Aún no sé cómo pude lograrlo. A medida que mi cuerpo expulsaba todo lo malo que había en mi interior, yo lo veía como un símbolo donde eliminaba de mí todo lo malo que me pudiera estar rodeando.

Jamás pensé que limpiar mi cuerpo de una forma nutricional iba a mejorar mi desempeño, me haría obtener más energía, y despejaría mi mente para tener más claridad en mis pensamientos. Sentía el total control de mi mente y cuerpo; eso sin contar lo bien que me sentía al comprobar cuán disciplinada puedo ser cuando se trata de un nuevo reto. Tener que prepararme jugos por cinco días y estar enfocada en cómo estaba actuando mi cuerpo, también permitió que me desintoxicara de la mala energía y las críticas continuas que estaba sintiendo en ese duro y arduo proceso.

Para el 2020, justo antes de que comenzara la pandemia y el lanzamiento oficial de mi programa educativo *Ecommerce Avanzado*, una persona con malas intenciones creó varias páginas de negocios falsas en las redes sociales, donde publicaba mis fotos y escribía cosas horribles de mí. A pesar de que se notaba desde un avión que todo era falso, siempre estaban las personas que se burlaron e hicieron comentarios despectivos; y fue inevitable sentir ansiedad y tristeza, porque corría por todo el internet. Recibí miles de mensajes de mi comunidad defendiéndome y pidiendo que me expresara; pero fue algo que en esos momentos no podía hacer porque estaba por comenzar un proceso legal.

En medio de esa situación, decidí hacer un ayuno por dos meses. Cambié mi alimentación, comenzaba el día con una oración y usé mi energía y enfoque en el proceso interior y la disciplina que debía tener en esos momentos. ¡Me encantó tanto cómo me sentí, que hasta el día de hoy lo sigo haciendo! Mientras escribo este libro, estoy en un ayuno donde dejo de comer o beber lo que me gusta por dos meses. Es un proceso espiritual donde le entrego mi año al Señor para que sea Él quien lo dirija.

Quiero dejar en claro que esto en ningún modo es un consejo profesional ni algo que tienes que hacer para sobrevivir en tu emprendimiento. De hecho, mi recomendación es que si vas a hacer un ayuno, siempre lo consultes con tu nutricionista o tu médico, porque todos tenemos un metabolismo diferente. Esto es algo muy personal, y sé que puede abrir un mundo de opiniones diversas; pero la realidad es que para mí fue algo que me hizo mucho bien. No muchos lo entenderán, ni tampoco querrán hacerlo, y eso está OK, pero de todas maneras deseaba compartirlo contigo.

También he aprendido a desintoxicar mi mente. He aprendido cómo cambiar la frecuencia de mis pensamientos; ya sabes, el *5 Second Rule*. Me viene un pensamiento negativo y 5, 4, 3, 2, 1... cambio el pensamiento. Otra cosa que hago es que todas las noches voy a mi oficina, me siento en mi alfombra y comienzo a escuchar mi silencio, a sentir mis preocupaciones y a decirme: "Está bien que te sientas así. Es razonable, eres humano". Escuchando mi silencio, llego a momentos de paz inigualables. Comienzo a dar gracias a Dios, leo la Biblia y menciono cada una de las cosas por las que estoy agradecida. Allí siento cómo mi interior se refresca y elimina cualquier pensamiento negativo que pueda dañar mi corazón. Encontrarnos con nuestro ser interior y hablar con Dios nos da la tranquilidad que necesitamos ante momentos de retos. ¡Te invito a que lo hagas!

REALIDAD #5:

LO QUE NO SABES QUE NECESITAS PARA CRECER

SOLUCIÓN #1: SIGUE INNOVANDO SIEMPRE

Aquí es donde se diferencian los verdaderos líderes. ¿Vero, cómo te mantienes en la vanguardia? ¿Cómo sabes todo lo que está sucediendo en el mundo del comercio electrónico? Mi esposo a veces me escucha y me dice: "¿de dónde sacas todo esto que me estás diciendo?". Me mantengo aprendiendo. Leo muchos libros de distintos temas: motivación, liderazgo, emprendimiento, comercio electrónico y mercadeo digital. No tan solo porque es lo que me apasiona, lo siento necesario para seguir creciendo e innovando. Leo artículos, me suscribo a blogs, veo videos en YouTube, hago búsquedas en Google, y hasta voy a conferencias a nivel mundial para enterarme de las últimas actualizaciones. Ya saben, la tecnología cambia a diario.

Hubo personas que me preguntaron por qué me certifiqué con John Maxwell a pesar de que no tenía nada que ver con comercio electrónico y redes sociales. Mi respuesta es simple: creo que siempre es necesario nutrirse de los líderes en lo que ellos se especializan, y para mí es importante que mis clientes y seguidores vean que me preparo y me educo para darles lo mejor. Quizá esto lo traigo desde mi educación en la universidad, siento que ese diploma o certificación valida que tengo ciertos conocimientos. Puede ser que estoy equivocada, es probable, pero es algo que vive en mí. Por eso siempre digo que la ingeniería y todo el proceso universitario se mantiene muy presente en mi vida, aun como empresaria. Realmente lo veo como una forma de respeto ante mi comunidad. La idea es "yo te proveo esta información, y puedo demostrarte que estoy 100 % preparada para esto". Por eso quise certificarme como "professional speaker" y aprender cómo debe estar mi postura, mis manos y hasta cuál deber ser el volumen de mi voz cuando hablo frente a un público. Es muy importante para mí dejarles saber a los que me siguen a diario en las redes sociales, y a aquellos que participan de cada una de mis conferencias, que yo tomo esto muy en serio y que busco las herramientas para hacerme mejor conferencista, líder, y experta en los temas que educo.

Debes mantenerte actualizado, pero en todos los aspectos. Yo le llamo "Sube la barra de entrada" o "Sube la vara". Es una charla que he preparado para mostrar lo que ha sido clave en mi camino empresarial. "Subir la barra de entrada" consiste en hacer más, ofrecer más, y hacer lo que otros no quieren hacer. Dentro de los puntos que discuto con mi audiencia están la importancia de invertir para recibir, mejorar en herramientas y equipos, no "jugar al internet" y producir siempre con estrategia. También incluyo la clave de documentar los procesos para conectar e inspirar a otros, no tomar en poco lo que tenemos; y, sobre todo, me enfoco en que uno de mis superpoderes para llegar donde estoy, ha sido viajar a distintos lugares del mundo para educarme y aprender. Invierto en libros, *masterminds*, cursos, eventos; y busco, viajo, conecto, pregunto... ¡Salgo de la caja!

No todos están dispuestos a invertir de su tiempo y dinero en pasajes, transporte, hotel, fotógrafo, videógrafo y comida, entre otros. Yo sí estoy dispuesta a entregarle a mi comunidad lo que no ven en otro lugar. Cuando viajo en búsqueda de proveedores alrededor del mundo para entregarle esa información a mis estudiantes, el objetivo es que ellos tengan este conocimiento en mi programa educativo, pero la realidad es que amo hacerlo, y no solo por ayudarlos, sino porque aprendo demasiado. Aprendo de procesos, negociaciones, cultura, servicios, ventas, y creo conexiones alrededor del mundo. ¡Nunca lo sabemos todo! Y hasta el más experto siempre necesita ver qué es lo próximo.

SOLUCIÓN #2: APRENDE DE LOS FRACASOS

A nadie le gustan los fracasos... a mí tampoco me gustan; pero son necesarios. Fracasar nos ayuda a progresar y encontrar nuevas estrategias de crecimiento. Para el 2018 me metí entre ceja y ceja crear un evento presencial de comercio electrónico en los Estados Unidos, ya que en Puerto Rico había llenado un evento de 500 personas. Con tan solo un mes y medio de anticipación, separé un salón en un hotel de Orlando, grabé un video y comencé la promoción. Una persona que ya había hecho eventos en Florida me dijo que comenzara la promoción con un mínimo de tres meses de anticipación, pero yo no hice caso. Pensaba: "Yo soy Verónica Avilés, puedo con eso y más". No me estaba dando cuenta de que estaba creando un evento para un público que no me conocía —como le decimos, un público totalmente frío—. ¿Y saben qué sucedió? De 150 boletos que tenía como meta, solo se vendieron 12. Muy pocos boletos para todos los gastos que conlleva hacer un evento fuera de mi país. Quizá otra persona igual desarrollaba el evento por solo decir: "hice un evento en los Estados Unidos", pero yo no quería hacer eso, esa no es la imagen ni la visión que tiene la marca Verónica Avilés. Tuve que cancelarlo y contactar a esos 12 participantes para que se conectaran de forma online en un evento que tenía en Puerto Rico. Me frustré. Pensé "¿por qué en Orlando no pude lograrlo? ¿Qué había pasado? ¿Por qué ocurrió esto?". Y lloré, claro que lloré. Debía soltar ese sentimiento; pero ahora entraba en una toma de decisiones. O me asusto y lo pongo como una meta incumplida que se quedó en el pasado, o analizo qué sucedió; de allí aprendo, mejoro las estrategias y vuelvo a intentarlo.

Cuando bajé revoluciones, me senté a pensar qué había aprendido de lo ocurrido e identifiqué las causas del fracaso. Aprendí, primero, que necesitaba crear un plan de mercadeo con contenido valioso, dirigido específicamente a esa audiencia para que comenzaran a conocerme. Segundo, debía anunciar un evento con más tiempo de anticipación. Tercero, no puedo dar por sentado el éxito por mis resultados anteriores. Lo que funciona en un lugar, no necesariamente tiene que funcionar en otro lado. Las audiencias son distintas, y hay que buscar diferentes formas para conectar con ellos. Gracias a eso que me ocurrió, estuve todo un año creando contenido para los Estados Unidos. Con mucha paciencia, y luego de tres años, mientras escribo este libro ya he creado dos "Meet Up" en los Estados Unidos (Miami &

Orlando) que se llenaron en su totalidad, participé en Univisión Miami, en un programa en horario "prime" en la mañana, mis libros se encuentran disponibles en Florida, tengo miles de estudiantes activos en mis programas educativos en todo Estados Unidos (incluyendo Alaska): *Ecommerce Avanzado* y *Especialista de Ecommerce*; tuve eventos *sold out* en Miami y Orlando, y continuaré en Atlanta, Nueva York y Dallas. ¿Viste que se puede volver a intentar? Nunca se pierde, siempre se aprende.

Aprendí de John Maxwell que los éxitos que conseguimos nos permiten ver que cada lucha que experimentamos ha valido la pena; y que sin ese dolor probablemente no seríamos capaces de apreciar nuestro progreso. ¡Dale la bienvenida a lo inesperado!, porque no significa un obstáculo, sino una oportunidad para aprender.

No vender ese evento me hizo crecer, pero también valorar todo este progreso y ver en quién me sigo convirtiendo; y quiero decirte que al lograrlo, lo disfruté aún más. Decidí ver el fracaso como un aprendizaje. Si me enfoco en el fracaso, me quedo en el fracaso y se convierte en pérdida, en algo que no fue logrado; pero si me enfoco en el aprendizaje, cultivo experiencia. Ese no era mi momento, y lo entendí; sin embargo me preparé para cuando llegara el momento, y llegó. No veas el fracaso como una etapa de estancamiento, ¡es importante que estas cosas nos sucedan! Y en la vida empresarial tiene que pasar... para poder crecer, para estudiar alternativas, para identificar qué cosas funcionan o no en nuestro negocio.

Muchos empresarios exitosos en algún momento u otro han fracasado en algo, o quizá no tuvieron los resultados esperados; pero siguen ahí, trabajando, motivando, inspirando hasta lograrlo. No vas a ver una publicación en las redes diciendo "fallé, no lo logré", pero sucede, y te va a suceder. Es una ley empresarial. Cómo dice Thomas A. Edison: "No he fracasado, he encontrado diez mil formas distintas que no funcionan". ¿Acaso crees que los mejores líderes no han fracasado? Puedes leer sus historias, y a la mayoría de ellos siempre se les cerró una puerta para provocar que otras se abran. Oprah Winfrey nació en medio de la pobreza rural de Mississippi, y a pesar de una difícil niñez que pudo dejarla sin futuro, ella llegó a convertirse en una de las mujeres más influyentes en la actualidad.

Si al final del camino no lo he logrado, me sentiré satisfecha de haberlo intentado y, sobre todo, de haber aprendido en el proceso. Todo está en la actitud y el carácter, en ver todo como un proceso para continuar siendo más grandes de lo que pensamos que somos. El autor Robert H. Schuller dice: "...he visto a personas afrontar los problemas más catastróficos con una actitud mental positiva, convirtiendo sus problemas en experiencias creativas. Ellos convirtieron sus cicatrices en estrellas".

¡Y yo deseo que tú puedas crear una galaxia!

SOLUCIÓN #3: DEL CONOCIMIENTO A LA SABIDURÍA

¿Cuál es la diferencia entre el conocimiento y la sabiduría? El conocimiento es algo que aprendemos, pero la sabiduría es cuando aplicamos lo que aprendemos. Está bien aprender, está bien mantenerse educado, pero tiene valor si es para aplicarlo en un ámbito de la vida. ¿Quién podrá tener más éxito? ¿El que más conocimiento tiene o el que actúa con lo poco que sabe? De qué vale aprender, leer, y asistir a tantas capacitaciones si no aplicamos lo que aprendemos, si no lo ponemos en práctica, si no tenemos la convicción de saber si funciona o no.

Un día se me acercó una muchacha, estaba hecha un mar de lágrimas. Me expresó que se sentía perdida y que tenía una nube negra encima de ella. No tenía trabajo, le chocaron el auto, su tratamiento para tener hijos había fracasado y para colmo le había provocado efectos secundarios en su salud. Ella vino a mí para que le diera un consejo. Necesitaba comenzar a generar dinero y sentirse productiva. A medida que comencé a hacerle preguntas rápidas para tratar de ayudarla, me di cuenta de que ella había asistido a varias capacitaciones y tenía algunas certificaciones en el campo de la belleza. Yo me quedé en shock. Le dije: "Tu problema no es falta de conocimiento, es falta de sabiduría. Tienes que aplicar ya lo aprendido". Y le di unos consejos adicionales para que tomara acción de una vez. Semanas después me escribió. Había comenzado a buscar espacios para comenzar a brindar sus servicios y llamar a posibles clientes. No tan solo se sintió orgullosa y productiva, también pudo ver de qué era capaz. Ofreció primero los servicios que le traía más dinero en menos tiempo; pero, sobre todo, se volvió más sabia.

Cuando aplicas tu conocimiento, ¡sabrás lo que necesitas para crecer!

REALIDAD #6:

EL MIEDO NUNCA SE VA

SOLUCIÓN #1: COMBATE TUS MIEDOS

A lo largo de mi aventura empresarial he conocido múltiples personas exitosas, conferencistas, artistas, líderes, y en ciertas ocasiones los he tenido que ver en acción. Te sorprenderías la cantidad de veces que pude verlos temerosos al lanzar un nuevo proyecto. Conocí figuras públicas con una audiencia de más de 200 000 personas preguntándome con inseguridad "¿tú crees que esto se venda?", refiriéndose con temor a que su nueva mercancía se quedara sin moverse. Rápidamente les contestaba: "¡Claro que se venderá!". Allí pude ver que definitivamente el miedo siempre nos toca a todos.

Recuerdo que días antes de lanzar mi libro La Magia de Reinventarte, cuando ya todo estaba listo, temerosa, le pregunté a mi mentora:

"¿Crees que a la gente le guste mi libro?". Me invadió el temor, la ansiedad y la inseguridad. ¿Qué quiero enseñarte con esto? Que todos pasamos por miedos, y que siempre estará presente en la medida de que nuevos retos lleguen a nuestro camino. Podrías estar confundido porque no es lo que acostumbramos a ver en las redes sociales; ahí siempre ves la imagen del emprendedor seguro, ves la foto en la tarima frente a cientos de participantes, cortando la cinta de su nuevo negocio. Probablemente me has visto sonriendo en una foto minutos antes de entrar en vivo a un segmento de televisión, en unos de los programas más vistos al mediodía, pero son muy pocos los que se atreven a decir "¿sabes qué?, tal vez me ves sonriendo, pero minutos antes temblaba tanto que mis piernas no me sostenían". Un día me atreví a confesar en las redes sociales lo nerviosa que estaba y el miedo que me da cuando estoy por entrar a la televisión en vivo. Sin embargo, lo disfruto, me encanta estar en la televisión y más cuando hablo sobre temas que domino. Pero al comienzo, el ver cámaras por todo lados, tener cerca a personas que admiro y ver cómo se improvisa a pesar de que existe un *teleprompter* al frente nuestro

—créeme—, hace que mis manos tiemblen casi todas las veces.

¿Cómo combato los miedos? Quiero darte mis consejos usando de ejemplo el momento que voy a la televisión, para que tú también los apliques.

1. Reafírmate en tus logros.

Mientras voy conduciendo camino a un programa de TV, voy pensando: "has lanzado un libro, has hablado frente a cientos y cientos de personas, tú puedes".

2. Acepta que tienes miedo.

"Sí, estoy asustada. Me da temor cometer un error en vivo, pero vamos adelante". Así reconozco que tengo miedo, no lo evado, no hago como si nada pasara. Lo identifico para poder trabajar en él.

3. Entiende por qué tienes miedo.

Lo analizo: "Vero eres humana, es normal tener miedo. Te da ansiedad ver cámaras por todos lados, estás sentada cerca de personas que admiras, y sabes que en cualquier momento se tiene que improvisar ante cualquier pregunta. Siempre al comienzo de la entrevista te da temor, pero, oye, sabes que luego se te va a pasar".

4. Autoanímate (date terapia).

Me digo constantemente "eres capaz, puedes hacerlo; piensa en los resultados que tienes siempre que sales en la televisión". Y enumero en mi mente cada uno de esos resultados.

5. Comparte que tienes miedo.

Recuerdo que en una ocasión, a solo segundos de entrar en vivo al programa de Alexandra Fuentes, le dije: "Ale tengo miedo" (realmente lo dije de otra forma). Ella me respondió: "¡¿Miedo de qué?!". E hizo un gesto como diciendo "hello, tú puedes con esto y más". Eso me dio risa y cambió la frecuencia de mis pensamientos.

6. Con miedo, o sin miedo, toma acción.

Frente a la cámara, ante esas luces brillantes directo a mis ojos, sonrío y comienzo a hablar de lo que sé. Al final me siento tranquila porque conozco muy bien lo que estoy hablando. Me he preparado y he trabajado fuertemente para vivir momentos como este. ¡Merezco vivirlo! ¡Y tú también te lo mereces!

SOLUCIÓN #2: APRENDE A SER PRESENTAO' (ATRAE NUEVAS OPORTUNIDADES)

En este camino empresarial tenemos que buscar las oportunidades. No caigas en la excesiva timidez de "no querer molestar a las personas". Hay que estar detrás de ellas, visitar lugares donde quizá no estés invitado, llamar y enviar emails. ¡Hay que hacerlo!

Un buen amigo me habló de sus proyectos y nuevas oportunidades que venían en camino; en cambio, yo recién tenía algunos meses emprendiendo. Estaba asombrada de todos los proyectos que él tenía, así que le dije "¿cómo consigues todas estas oportunidades?". Te confieso que me dio una respuesta que no esperaba: "Es fácil, le escribo a todo el mundo y me presento".

Me quedé totalmente sorprendida. ¿Así no-más? Es decir, ¿me presento y la magia empieza? Después de recibir esa respuesta no corrí a escribirle a todo el mundo, pero sí entendí el mensaje: "no podemos esperar que las oportunidades lleguen a nosotros, ¡tenemos que salir a buscarlas!".

Entonces, lo primero que hice fue crear propuestas, las imprimí, mandé a hacer unos folders personalizados de mi negocio y estuve por varios días visitando negocios y entregando propuestas. Probablemente muchos la recibieron y la dejaron por ahí, pero otros me entrevistaron, se interesaron y se convirtieron en nuevos clientes.

En este tiempo en que todo es en línea, los emprendedores piensan que la única forma para encontrar clientes es solo haciendo un par de clics. Te voy a dar un dato más que interesante: los dueños de grandes negocios a veces no tienen tiempo para estar en las redes sociales. Que te conozcan y les entregues personalmente una propuesta, tiene un gran porcentaje de cierre del negocio. Cuando conectan contigo, te ven más accesible.

Estos nuevos clientes me refieren a otros, y así la cartera sigue creciendo, porque luego que das un buen servicio, ellos mismos te ayudan. También comencé a ir actividades de *networking* para conocer y conectar con nuevos empresarios. De estas actividades salía con nuevos clientes, referidos y nuevos caminos por explorar. En resumen, ¡busca tus oportunidades!

Un día tuve la oportunidad de entrevistar a Arnaldo, de "Diary of Trips", un empresario que se ha hecho famoso al viajar por el mundo y dar consejos de cómo hacerlo de manera costo-efectiva. Cuando terminó la entrevista le pregunté cómo hizo para estar en la radio en los programas más escuchados de la isla. Me contestó: "Vero, siendo un 'presentao'. Un día llegué a la emisora de radio, y de casualidad me encontré con unos de los locutores más reconocidos: Jorge Pabón "El Molusco"; y le dije "sé que no me conoces, pero yo necesito ayuda para una competencia de viajeros a nivel mundial…".

Molusco mira a Arnaldo asombrado por su "atrevimiento", pero de buena forma. Le dijo "dame tu número", y le hizo un "shoutout" en las redes sociales, es decir, una mención a sus seguidores para que sigan el perfil de Arnaldo. De ahí se llevó una gran sorpresa. Lo contactaron y ahora participa en varios programas, tanto de radio como de TV. Esto le abrió el mercado para tener su oficina y hasta su tienda online. Arnaldo continuaba: "Vero, yo iba a la televisión y les decía a los artistas «hazme un favor, crea un *shoutout* en tus *stories*»". ¡Yo estaba roja como un tomate de solo pensar en atreverme a hacer eso! Pero entendí lo que me estaba diciendo: los «presentaos» en esta industria llegan muy lejos y están creando sus propias oportunidades.

Con esto te digo que comiences a crear propuestas, envíalas por emails, entrégalas personalmente, llama y da seguimiento, asiste a actividades, contacta a otros empresarios, preséntate siempre... ¿Qué es lo peor que puede pasar? ¿Qué te ignoren? Créeme, eso es lo mínimo que puede suceder. Le sacarás mayor provecho. Si te enteraste de que en algún lugar habrá el lanzamiento de un producto, una actividad en un centro comercial, o lo que sea, asiste. Y no tan solo asiste, también comparte. ¡En esta industria los 'presentaos' somos los sobrevivientes! ¡Anímate!

También te recomiendo que siempre digas que sí, aunque no sepas al comienzo cómo lo harás. Recuerdo que un día recibí una llamada de una industria en la que nunca había trabajado: "Verónica, saludos, ¿tú das seminarios para nuestro tipo de negocio?". Mi respuesta fue: "Claro que sí, ¿dónde le enviamos la propuesta? Te prometo que no tenía nada de lo que me habían pedido, pero dije que sí. Terminé la llamada y me puse a trabajar en lo solicitado. ¿Sabes qué sucedió? No tan solo les di ese seminario a ellos, también otras empresas de ese tipo de negocio comenzaron a llamarme para pedirme el mismo seminario, y ahora es parte de mi currículo de cursos. Imagínate si hubiera contestado "en estos momentos no lo tengo, pero pronto lo desarrollaré". ¡Me iban a colgar el teléfono y buscar otro recurso!

Nunca digas que no, claro, a menos que sea algo totalmente fuera de tu nicho, porque tampoco queremos quedar mal o hacer el ridículo; pero si tiene que ver con tu actividad profesional, hazlo. Si una parte del proyecto no es tu "expertise", subcontrata a otros y listo. Algunas oportunidades aparecen de esta forma, y siempre tenemos que estar preparados. A veces nos tienen que suceder situaciones inesperadas para abrirnos ante nuevos rumbos, aceptar los cambios y llevar nuestro negocio a otra dimensión. ¡Nacimos listos! ¿Verdad que sí?

Y por último, crea compañeros y colabora. Hay personas a quienes les encanta trabajar solos y andar por su caminito, feliz, sin contar con nadie. Eso está bien, lo respeto muchísimo. Dice el refrán "mientras menos perros, menos pulgas". Pero sí tengo que admitir que mientras más comencé a colaborar, mi comunidad comenzó a crecer. Comencé a participar para una organización que ayuda a empoderar a la mujer, fue mi primera colaboración oficial, esta organización me puso en contacto con cientos de mujeres donde pude presentarme. Las chicas quedaron fascinadas con mi charla, me siguieron en las redes, y de seguidoras se convirtieron en clientes, compraron mis libros y asistieron a mis eventos. Ellas siguen refiriendo a otras: "mira, esta es la chica de la que te hablaba", y así sigue sucediendo. Y así mismo he asistido a muchas actividades de otros colegas, lanzamientos de libros, actividades empresariales, entre otros, siempre y cuando ambos tengamos un beneficio y estemos dispuestos a colaborar.

En el lugar donde menos creías y con quien menos piensas, llega la oportunidad de tu vida.

Un tip extra... siempre entrega más. Da lo mejor de ti. Si te dijeron que tu charla era de 1:00 p.m. hasta las 2:00 p.m., llega temprano, habla con la gente, ayuda en el evento, y quédate más tiempo luego de dar la charla. Conecta, haz *networking*, quédate contestando preguntas, tómate fotos con los demás, etc. Si te pidieron un diseño para una marca, entrégale tres opciones. ¿Te pidieron algo para el jueves? ¡Entrégalo el martes! Alza las expectativas, haz lo que otros no harán. Así te destacarás y te darán la oportunidad. Lo importante de todo es que no importa cómo lo hagas, solo hazlo. Las oportunidades no siempre llegan a nosotros, hay que salir a buscarlas.

REALIDAD #7:

QUERRÁS TIRAR LA TOALLA

SOLUCIÓN #1: NECESITAS TENER ENERGÍA

Unos meses antes de comenzar a escribir este libro, tomé unas semanas para llevar a mi hijo a celebrar su cumpleaños en Orlando, y de paso estar en Atlanta para ver a familiares que viven allá. Estuvimos más de dos semanas compartiendo con amistades, comiendo lo que quisiéramos, y nos acostábamos a la hora que nos diera sueño. Podía acostarme entre dos y tres de la madrugada, y levantarme a las diez de la mañana. Salíamos de la cama como a las once y comenzábamos el día a la una de la tarde. Un desorden total. ¿Te mencioné que en esas dos semanas aumenté diez libras? Sabía que tenía que moderar mi forma de comer, pero era más fácil usar la justificación: "Estoy de vacaciones, no me importa. Lo resuelvo cuando llegue a casa".

Durante las vacaciones sabía que tenía dos cosas importantes que hacer cuando llegara a casa: comenzar a escribir el manuscrito de este libro y grabar el programa educativo que estaría mercadeando en los Estados Unidos. Cuando llegamos a Puerto Rico, al parecer mi cerebro pensaba y enviaba señales a mi cuerpo como si estuviera aún de vacaciones. Me levantaba a la hora que abría mis ojos, y dormía cuando finalmente no podía con el dolor de mis ojos abiertos viendo una serie de Netflix. Pasaban los días y parecía que vivía el mismo día una y otra vez. Las vacaciones se habían acabado, pero estas vivían en mí. Estaba en ese momento horrible de saber que tienes muchas cosas que hacer, pero a la vez no haces nada. Tenía las redes sociales abarrotadas de mensajes y el contenido de mis negocios sin atender. Entendía que debía hacerlo, pero no encontraba la motivación. Me sentía todo el tiempo cansada a pesar de que dormía más de diez horas diarias.

Un día, Emmanuel llega a la una de la tarde a casa, y cuando entra al cuarto me encuentra durmiendo. Sí... un día de semana a la una de la tarde. Con cariño se me acercó y trató de levantarme. Abrí mis ojos, lo miré y comencé a llorar. No entendía lo que me sucedía. Sabía qué tenía comenzar a trabajar en mi negocio y con el tema de mi peso, pero no podía hacerlo. Emma me preguntó "¿qué tienes?". Le contesté "no sé, me siento sin energía". Recuerdo que fue un viernes, porque me dijo: "ya es viernes, no trates de comenzar hoy. Disfruta este fin de semana con nosotros y comienzas el próximo lunes". Le tomé el consejo, me di un baño y me fui al cuarto a leer el libro de Rachel Hollis "Amiga, deja de disculparte". Mientras leía, Rachel me decía: "No es que no te gusta lo que estás haciendo, es que estás cansada. No tienes energía. Tienes tantas cosas que hacer, quieres lograr tantas metas y no haces ninguna. Necesitas trabajar para obtener tu energía". ¡No les digo que los libros me llegan en el momento correcto! Era verdad. Quería comenzar el manuscrito de mi libro, grabar un curso, poner al día los mensajes de mis redes sociales, organizar dos eventos empresariales y bajar de peso. ¡Quería hacer todo y no había hecho nada! Estaba abrumada. En aquel libro, Rachel me dio varios consejos para obtener energía y automotivarme. A continuación te quiero mencionar cuáles fueron y cómo los apliqué el lunes siguiente.

1. Una meta a la vez: Tenía que identificar cuál meta era mi prioridad y, sin abrumarme, colocarlas en orden. Comenzar por una y luego ir por la otra. Quería bajar de peso, quería comenzar a ir al gimnasio; pero a la vez admití que, aunque sí podía tomar ciertas medidas para comenzar a bajar de peso, necesitaba comenzar el proyecto del curso para posicionarme en los Estados Unidos. Rachel me decía: tienes demasiadas metas a la vez, avanza poco a poco. Así es que distribuía en una libreta todos los temas de los que quería hablar en mi curso, le puse una fecha de finalización a modo de meta, conté cuántos días me quedaban y dividí los capítulos para saber cuántos debía grabar por día. Cuando terminé la grabación y la edición del curso, llamé a mi mentora y le dije: "ya estoy lista para mi libro", mientras tomaba agua y controlaba lo que comía para ir bajando aquellas libras que había aumentado en el viaje.

2. Toma Agua: ¿Recuerdas cuando te mencioné la importancia de cuidar tu interior para reflejarlo en lo exterior? Rachel indicaba en su libro que el agua es un elemento fundamental para el éxito. Te dará energía y a la vez comenzarás a bajar peso. Era un buen consejo que sentía sencillo y fácil. Comencé a tomarme la mitad de mi peso en onzas de agua. Estaba en 150 libras (mi peso ideal es 135, y mi peso normalmente es 140), así es que me tocaban 75 onzas de agua diariamente. Mi concentración era tan alta, que sin darme cuenta a veces tomaba un poco más. Mi cuerpo me lo pedía. Sentir el agua refrescante por mi cuerpo me subía mis ánimos, y así estaba más decidida a terminar con lo que me había comprometido. Me sentía bien conmigo misma y, si te fijas, no son metas abrumadoras ni muy complicadas.

3. Levántate más temprano: Ella recomendaba que me levantara una hora más temprano que la familia para así tener mi tiempo para meditar, hacerme mi té y comenzar a trabajar. Francamente eso fue lo más difícil. El primer día que sonó esa alarma, ni el "5 Second Rule" me quería funcionar. Mi esposo me abrazó como para que me quedara un rato más en la cama. Recuerdo claramente que lo miré a los ojos y le dije: "por favor, ayúdame a salir de esto. Necesito levantarme". Sé que eso a él lo

conmovió tan pronto me vio con los ojos agua-
dos, él sabía que esto era muy importante para
mí. Era como si estuviese superando un vicio.
No tan solo me ayudó a levantarme, también
me dijo: "yo te hago el té", y me dio un beso.
Luego de ese primer día, y ver cuán productiva
estuve; esos resultados fueron una gran motivación para seguir haciéndolo todos los días.
Antes de que mi familia se levantara y los ayu-
dara a prepararse para la escuela y el trabajo;
ya yo había hechos mis SAVERS, desayunado, y
planificado el contenido de ese día en las redes
sociales. Había contestado uno que otro email
y ya estaba lista para grabar cuando ellos se
fueran de la casa.

4. Elimina un alimento por 30 días: Fue bien
enfática en la importancia de algunos alimentos, especialmente los "garbage", como ella los
llamó. Debes eliminarlos por 30 días para que
lo uses como especie de una meta personal y
de activar esa disciplina y compromiso contigo
misma. Yo decidí eliminar los dulces. Debo confesar que no lo hice por 30 días, pero si durante
los 21 días que me tomó completar el programa
educativo. Y me pasó como te había contado con
los jugos, me concentré en la meta que tenía que

completar y a la vez me sentí limpia, renovada y con mucha energía. ¡Fue fascinante!

5. Mueve tu cuerpo todos los días ¡Al menos 30 minutos!: Cuando lo leí, dije "30 minutos no son nada, y a la vez tomo un descanso de estar frente de la computadora y el micrófono". Aprovechaba y me iba a caminar. El consejo no era que te metieras al gimnasio a levantar pesas y hacer 200 sentadillas. Era que movieras tu cuerpo. Mientras caminaba hablaba con mi esposo y le contaba todo lo que había hecho en el día. Qué había grabado, cuán fácil o difícil se me había hecho y soñábamos con las cosas que iban a suceder cuando el programa educativo fuera lanzado. Hablábamos de la sensibilidad de la vida, pero también de los grandes cambios que uno puede hacer en ella cuando decidimos tomar el control de nuestras emociones y pensamientos. Regresaba de la caminata y comenzaba a cocinar, esperando que mis dos hombrecitos llegaran a mi casa. Esa caminata era como el cierre de un día megaproductivo.

6. Practica la gratitud: Separé una libreta que tenía sin usar y la coloqué en mi mesa de noche para escribir diariamente todas las cosas por las que estaba agradecida ese día. Escribía "gracias por grabar tal tema" hasta "gracias, Señor, por ver a mi hijo jugar". Así recapitulaba todo lo que había hecho en el día y me sentía orgullosa de haber completado otro día más. Esto me ayudaba a seguir disfrutando las bendiciones que tenemos, pero también a observar lo mucho que a veces perdemos por vivir abrumados por cosas que existen... solo en nuestra mente.

Comencé desde ese lunes haciendo estos puntos al pie de la letra, y hasta el momento en el que escribo este libro no me han fallado. Son consejos que te ayudarán a incrementar tu energía, tanto interna como externa. ¡Es posible tener el control de nosotros mismos! Es posible automotivarnos y trabajar con nuestra energía, sentirnos animados y con fuerzas. La parte difícil es, primero, reconocer que estamos mal, identificar por qué nos encontramos así y luego buscar las herramientas para mejorar.

Siempre digo que Dios me habla por medio de personas, la Biblia, la iglesia y hasta por los libros que leo, aunque no sean cristianos. En los libros encuentras consejos que, si los vuelves a leer, son sencillos, fáciles de seguir y muy prácticos para comenzar cuando estamos en altos niveles de desorganización y falta de energía. Mis proyectos se retomaron y mi programa educativo *Ecommerce Avanzado* se ha convertido en uno de los más completos del mundo de habla hispana. Todo se hizo realidad, porque yo quise y decidí hacerlo realidad. Las letras de Rachel siguen estando en ese libro que tengo en mi oficina; yo las tomé y provoqué que esos consejos transformaran mi vida. ¡Yo lo provoqué!

Tú tienes el control de mejorar tu energía. Solo tienes que decidirte a hacerlo. A veces queremos tirar la toalla cuando sentimos que en nuestro negocio nos agotamos más de lo que disfrutamos hacerlo. Cuando te sientas cansado, abrumado y sin energía; retoma tus proyectos poco a poco. No te fatigues con la acumulación de metas por alcanzar. Si te sientes sin energía, pero no tomas acción, será como no haber hecho nada. La magia no la tiene este libro ni ningún otro. El poder lo tienes tú cuando te das cuenta de todo lo que puedes hacer si trabajas en tener más energía.

Sí, estas letras se han escrito con toda la energía de mi ser. Y, claro, mientras escribo tengo mi botella de agua al lado. ¡Ya no me puede faltar!

SOLUCIÓN #2: TÚ ERES SUFICIENTE

¿Quién motiva a un motivador? Eso fue una interrogante que volvía loca mi cabeza. Pensaba ¿por qué todo es "quiero ayudarte a emprender"? ¿Por qué todo es "quiero desarrollar tu idea de negocio"? ¿Y qué sucede con los que ya estamos emprendiendo el negocio, con los que estamos en el campo de batalla? ¿Quién nos motiva a nosotros? De ahí es que nace este libro. Escuché algo bien particular de mi hermano Carlos Avilés: "Yo me automotivo. Yo mismo me ayudo a controlar mis emociones y a ir detrás de mis metas".

¿Y saben qué? He aprendido que no es imposible, y que es muy necesario. Así como te dicen que no puedes depender de otros para crecer, o para aprender, tampoco puedes depender para motivarte. No puedes entregar totalmente el control de tus emociones a alguien o lo que pueda rodearte. ¿Y si un día esa persona no está ahí?

QUERRÁS TIRAR LA TOALLA

¿Y si un día esa plataforma ya no existe o no está a tu alcance? Tú eres más que suficiente, tú eres capaz de lograr grandes cosas y yo te ayudaré a hacerlo. Al menos te enseñaré tres cosas que hago para poder automotivarme y salir cuando los pies "se encuentran en el fango".

1. Toma control de tus palabras.

¡Cuán importante es esto! Para el 2019, hice un programa de *ecommerce* de manera presencial en mi isla, Puerto Rico. Durante el primer *workshop* escuchaba a estudiantes decir: "Es que no soy buena para la tecnología" y "no sé si pueda hacer esto". De inmediato me paré en el podio y mandé a todos a guardar silencio. Les dije: "no quiero escuchar más el «no puedo», «no sé» o «es muy difícil». Ustedes pueden, ustedes son capaces. Yo no soy más inteligente que ustedes. Es un proceso, y lo van a poder hacer. Ustedes sí saben, ustedes han tomado mis cursos, han estudiado. Necesitan tener el control de sus palabras".

A mis estudiantes de *Ecommerce Avanzado*, siempre que voy a comenzar a dar una clase de temas más avanzados, les hago la aclaración:

LO QUE NO ME DIJERON DE EMPRENDER

"Si usted es nuevo en nuestro programa y esta es la primera clase a la que asiste, no piense: "¡Qué difícil es esto, no lo entiendo!". La manera correcta en la que debe pensar es: "Wao... ¡todo lo que aprenderé, todo lo que podré hacer a medida que siga estudiando!". Se ha vuelto algo normal para mí cuando escucho a cualquiera decir: "No sé si pueda". Automáticamente digo: "Tú sí puedes". Y es que tú sí puedes. Repite ahora conmigo: "Yo soy suficiente".

No sabes todo lo que puede provocar las palabras que dices. Lo que sale por tu boca son afirmaciones, así que asegúrate de pensar bien lo que vas a decir. Una persona una vez me dijo: "Es que no soy buena para hacer videos en vivo". Yo le dije: "No digas eso nunca más... mejor di "necesito aprender a crear videos en vivo". ¿Viste la diferencia? No se trata de engañarte afirmando "soy la mejor haciendo videos en vivo", cuando nunca has hecho uno. Se trata de ser optimista y decir "no lo he hecho, pero voy a aprender a hacerlo y conectaré con muchas personas". Nadie tiene que decirte lo suficiente que puedes ser. Nadie tiene que afirmarte lo grande que eres y puedes ser. El único que ha estado durante años contigo, que ha visto tu

crecimiento, que conoce tus debilidades y fortalezas... eres tú mismo.

2. Alégrate de tus logros.

Siempre se me hace difícil hacer esto. Logro
algo y, como te mencioné, rápido comienzo a
pensar en qué es lo próximo. Pero una de las
cosas que me automotiva es recordar mis logros pasados. Mis resultados anteriores provo-
can que me motive a seguir haciendo grandes
cosas. Me gusta leer los comentarios que las
personas me dejan y cómo de una forma u otra
he podido impactar y cambiar muchas vidas.
Uno de los males que tenemos, es que cuando
nos dicen "te ves más delgada", rápidamente
respondemos "ay, no, tengo que bajar muchas
libras más". Lo has experimentado, ¿verdad?
¿Por qué se nos hace tan difícil decir "gracias" si
hemos trabajado mucho por eso? ¿Por qué nos
cuesta alegrarnos y admitir que hemos logrado grandes cosas? ¿Por qué somos los que boi-
coteamos nuestros propios méritos? Nos pasa
mucho, y sobre todo a nosotras, las mujeres.
Nos dicen "qué bella te ves", y contestamos "ay,
no, estoy como las locas. Mira este pelo". ¿Por
qué hacemos eso? ¿Por qué es difícil aceptar

cuando nos vemos bien, cuando hacemos el bien a los demás o cuando somos exitosos? Tenemos miedo a gritar a los cuatro vientos "¡hey, soy exitoso y me siento feliz!". Alegrarte de tus logros no te hace orgulloso. Admitir tus logros o aceptar que otros lo admitan no te hace orgulloso. Son resultados de arduo trabajo. Utilízalos como automotivación y energía para seguir creciendo y desarrollándote como persona y como empresario.

3. Valorízate.

Y hazlo en todos los aspectos. Recuerdo que un día, una de mis estudiantes me escribió una carta agradeciendo todo lo que "yo había hecho por ella". Ella siempre pensaba que "pisaba, pero no arrancaba"; sin embargo, tenía fe en mí y en lo que mi academia podía aportar a su negocio. Cuando la vi, le dije: "Quiero que hagas otra carta. En ella quiero que escribas lo grandiosa que eres. Felicítate por haber alcanzado grandes cosas y quiero que en esa carta te añadas valor". Mis herramientas puedo dártelas mil veces, podrás ver mi programa y conocerlo de memoria, pero si tú no actúas, si tú no lo pones en práctica, no logras nada.

Si estás viendo resultados, es porque tú lo has hecho bien. Es porque has trabajado para ello. Tú no me necesitas ni a mí, ni a nadie... solo a ti. Esa debe ser tu motivación. Otros no lo verán, o no querrán hacerlo, por eso no puedes depender de ellos. Recuerda: "las personas quieren verte bien, pero a veces no mejor que ellos". Tienes que hacerlo tú. Valorízate. Engrandécete. Mírate al espejo y di "¡qué bien me veo!". Da esa presentación oral para que te den el proyecto, y al salir dices: "¡Esto me quedó brutal!". Créeme, cuando lleguen proyectos, recordarás ese gran sentimiento de lo que ya has alcanzado. Tú eres suficiente.

SOLUCIÓN #3: ¡MOTÍVATE! ¡BUSCA RECURSOS PARA SEGUIR APRENDIENDO!

Lo que escuché de mi hermano Carlos, "Yo me automotivo", también fue inspirador para buscar recursos que me ayuden a crecer como persona y como empresaria. Así como el libro de Rachel Hollis me ayudó mucho, tengo en mi cabecera otros autores que han sido una gran influencia en mi vida. No te des el lujo de vivir sin un buen consejo, y estos los puedes obtener de un buen libro o de un podcast. Separa un momento de tu día para tu aprendizaje, recuerda que nuevas oportunidades, tendencias y formas de comunicación van modelando este mundo tan cambiante.

Probablemente eres de las personas que podría decir "Ay, Verónica, ¡tengo tantas cosas que hacer que no creo que me alcance el tiempo para automotivarme! Mi día es de locos". Si piensas así, déjame decirte que es de locos quedarte con lo que sabes en este mundo que gira tan rápido. En el libro "Crisis y oportunidades", Efrén Ruiz dijo algo que me dejó impactada y me motivó a ponerme en acción, así que espero que cause lo mismo en ti: "La excelencia cuesta mucho, es seguir estudiando mientras otros están descansando, es investigar mientras otros están jugando, es escribir mientras otros están viendo películas. La excelencia es lo extraordinario, es excederse, ir más allá".

¿Qué hay, por ejemplo, del tiempo que inviertes en movilizarte con tu auto? ¿Te la pasas pensando y masticando qué hacer con tal y cual problema? ¿O simplemente fijas tu mirada en todos los autos a tu alrededor y estás con la mente en blanco? Si es así, hay algo que te voy a decir de frente: ¡Estás perdiendo el tiempo! Internet es un profundo mar de conocimiento al que puedes acceder. Selecciona bien los temas que te interesan y haz que tu mente se conecte y se alimente en lugar de divagar.

Una mente clara y llena de energía, como vimos al comienzo de este capítulo, y saber que tú eres suficiente y que puedes lograr mucho, es una combinación maravillosa para tomar un rumbo de éxito. Solo agrégale conocimiento y le harás frente a esa realidad que algún momento te llamará a tirar la toalla. Tu respuesta será automáticamente "yo sí puedo".

REALIDAD #8:

NO SABRÁS CÓMO MANEJAR TU DINERO

SOLUCIÓN #1: CREA TU PLAN FINANCIERO

"¡Mi contable dice que gané tanto y yo no sé dónde está ese dinero!". Eso es lo que he escuchado de varios empresarios con los que he compartido. En esos meses donde hay que reunirse con el contable para rendir las planillas anuales, ahí es que nos damos cuenta de que quizá generamos muchos ingresos, pero eso no se refleja en la cuenta de banco, por la cantidad enorme de deudas y costos que tenemos.

No soy una profesional en esto pero, como sabes, mi negocio creció muy rápido y tuve que aprender sobre la marcha. Te contaré lo que hago. Lo primero que debes hacer es comenzar con el final en mente. No hay manera de crear un plan si no tienes una visión, una meta puntual como "quiero lograr esto para x cantidad de tiempo". Por lo tanto, comencé a desarrollar una estructura financiera que me diera visibilidad sobre las decisiones inmediatas y a largo plazo que tomo; es decir, saber el efecto que tendrán las decisiones en mis ingresos, mis costos, deudas a corto y largo plazo, flujo de caja y, sobre todo, en el potencial de crecimiento de mi negocio.

Esto me quita la incertidumbre de pensar en que tenía que haber tomado algunas decisiones para llegar a mi meta pero no las tomé, y el tiempo sigue pasando. Es decir, antes de que el contable rinda las planillas anuales, ya yo sé cómo he terminado mi año y dónde está mi dinero. Ese modelo o estructura financiera consiste en delinear el detalle de mis ventas, ingresos y costos a nivel mensual, y el efecto que tiene en los tres estados financieros principales: Estado de Ingresos y Gastos (Profit and Loss), Balance Financiero (Balance Sheet) y Flujo de Efectivo (Cash Flow). Siempre tengo un plan financiero de tres años para ver cómo crecerá mi negocio con las decisiones que voy tomando. Mi equipo de finanzas genera los estados financieros de mi negocio, y todos los meses verificamos los resultados. A pesar de que revisamos los resultados a finales del mes, semanalmente vamos viendo el progreso de las ventas, iniciativas nuevas, servicios, costos, o cualquier detalle que pueda afectar el plan, y cómo se comparan con el mismo periodo en el año pasado, de esa manera sabemos si estamos creciendo, y vamos acorde al plan que ya tenemos en marcha. No es que voy por cada detalle de esos estados financieros, pero sí hay algunos elementos que conozco y me permiten saber que el negocio va creciendo de manera sostenible.

¿Cuáles son esos elementos? Las ventas, los ingresos generados al cierre de cada mes y cómo se comparan con los ingresos del año pasado en el mismo periodo, el cash que ha llegado y las facturas que aún no han pagado (esto me ayuda a entender la liquidez de mi negocio), cuánto costo hubo en nómina, servicios, inversión en mercadeo, plataformas, etc. Todos estos elementos me hacen entender mejor el comportamiento de mi negocio para continuar tomando decisiones de crecimiento. Si los resultados no son los esperados, analizamos qué decisiones tomaremos para dar un giro y poder recuperar mi meta. No quiero sonar muy técnica, pero el discutir la situación financiera de mi negocio, semanal y mensualmente, me ha ayudado a tomar mejores decisiones y, sobre todo, a saber exactamente dónde está el dinero que he generado.

Recuerda, tus finanzas se mueven con tus decisiones. Esto es como el gps de tu auto: será imposible que te diga la ruta que debes tomar si no le dices a qué lugar quieres llegar; así mismo funciona con los negocios. A mis estudiantes de *Ecommerce Avanzado* les digo: "Si tu objetivo es generar $120 000 al año, entonces tu meta mensual debería ser $10 000 al mes. La pregunta que debes hacerte es cuánto debes invertir en productos o mercancía para llegar a esa meta. Porque no hay manera de generar $10 000 al mes, si tu inversión en inventario no va a acorde a las ganancias deseadas. Si quieres bendiciones grandes, debes estar dispuesto a tener un envase grande para ellas".

A continuación quiero presentarte cómo trabajo mis finanzas. Ojo, yo no soy contable, solo comparto lo que me funciona. A medida que sigas creciendo, tener un CFO (*Chief Financial Officer*) o un asesor financiero sería lo mejor. Este ha sido quien me ha hecho la vida más fácil. Si tienes dudas, o deseas tener otras estrategias, consulta con tu contable.

Crea una tabla de Excel donde escribas tus gastos e ingresos

Es fácil manejar la plataforma Excel, no quiero que esto te cause ansiedad. Hasta por Internet consigues tutoriales gratuitos. Es demasiado importante crear tu tablita donde puedas ver de una manera uniforme todos los gastos e ingresos generados por tu negocio. Los profesionales de esta industria le llaman el reporte P&L (profit and loss). Y si me preguntas cuáles son los que más identifico en detalles, son los gastos. He aprendido dos cosas importantes que quiero que se queden contigo: primero, no es lo que ganas, es lo que gastas; por eso es importante mirar de cerca la relación entre los ingresos y los gastos. Segundo, no es lo que ganas, es el tiempo que tienes disponible para disfrutarlo. Puedo generar en ingresos 100 000 dólares al mes, pero si gasto 95 000 dólares... ¿verdaderamente ha sido rentable?

¿Es la ganancia que esperaba? ¿Esos 5000 dólares recompensan el esfuerzo? ¿Es una cantidad de dinero que me ayudará a crecer o invertir en otros proyectos?

Dentro de los gastos están todos los de mi negocio, los personales los tengo aparte. Coloco en la tabla los materiales de mi negocio, costos reales de los productos que vendo en tiendas online, empaque, "shipping labels", oficina, internet, mi vehículo, ropa para las charlas, promoción en redes sociales, nómina, aplicaciones o plataformas, entre otros. También acostumbro a pagar todo por cheque o por mi plataforma bancaria, así tengo un récord por nombre y apellido que me indica a quién le pagué y la razón del pago. Mensualmente analizo en qué se fue mayormente mi dinero y cómo puedo mejorar. En ocasiones puedo ver gastos de plataformas que ni recuerdo por qué estaba registrada, quizá se trata de una aplicación del celular que ya ni uso, y de esta forma puedo cancelar la suscripción o buscar formas de cómo ahorrar o disminuir ese gasto. Algunos contables pueden encargarse de tus tablas de ingresos vs. gastos. En lo personal, aunque mi contable tiene sus tablitas para mi negocio, me gusta manejar esa gestión; así conozco en qué se me va el dinero, qué productos o servicios son más rentables, cuáles fueron las ganancias totales, entre otros datos. De esta manera, a veces me digo: "¡Vero, tienes que bajarle a la compra de libros. Te estás pasando!".

Al otro lado de la tabla añado todos mis ingresos: las ventas de programas, productos de tiendas online, clientes, libros, lo que las compañías me pagan por afiliación, entre otros. ¿Cuánto cobro por mis servicios? Es una pregunta que constantemente me hacen. Algunos dicen que debes estudiar el mercado para que no te vayas ni muy arriba ni tampoco muy por debajo. Realmente yo me dejo llevar por cuánto vale mi conocimiento y, sobre todo, mi tiempo. Soy bien celosa con él. Una de las cosas que menos me gusta es perder mi tiempo o que otros me hagan perderlo. Los que han asistido a mis eventos entienden por qué comienzo y termino puntual. Si tengo que dar un servicio y siento que solo "intercambié tiempo por dinero", o no me siento complacida, probablemente es que no cobré lo que realmente valía. Y de ahí contabilizo mi ganancia de ese mes. Un cómputo superfácil: ingresos - gastos = ganancias. Ten en un solo documento de Excel una pestaña u hoja por mes. De esta manera, si deseas ver qué hiciste en febrero de 2022, solo presiona esa pestaña y tienes al instante toda la información. Esto te permitirá ver en detalle tus finanzas, de manera que si este mes no te fue como esperabas, podrás responder a la pregunta "¿qué ocurrió en este mismo mes el año pasado?", así comparas el periodo actual con el de años anteriores y notarás el porcentaje de crecimiento de tu empresa. Esto te permitirá entender los factores que pudieron provocar un aumento o disminución de tus ganancias.

SOLUCIÓN #2: TRABAJA DE LA MANO CON TU CONTABLE Y/O ASESOR FINANCIERO

Les dije que soy de las que quiero hacer todo yo, pero desde los primeros meses de crecimiento de mi negocio tuve que darme cuenta que al tener la ayuda y asesoría de mi contable, todo era más fácil. Actualmente tengo mi equipo de contabilidad y trabajo de la mano con mi asesor financiero. Él se encarga de mis permisos, de las renovaciones de licencia, planillas, pagos a empleados o contratistas. Me asesora sobre si debo ajustar algún gasto o hasta cuánto debo invertir en algo que desee. Otra de las cosas por las que es importante tu contable, es que él muchas veces conoce formas de ayuda que tiene tu gobierno y cuáles son aplicables para ti. En el caso de Puerto Rico, existe ayuda para las mujeres empresarias, para los pequeños comerciantes, e incluso para jóvenes menores de 35 años. Muchas de estas medidas tienen grandes beneficios para tu negocio y a veces no aplicamos a pesar de que sí cumplimos con los requisitos. Si tu contable no está actualizado, te recomiendo que siempre estén pendientes de estas normas que pueda tener el gobierno o algunas agencias cercanas a donde vives. Sé que en ocasiones tratamos de ahorrarnos algunos servicios, pero el contable puede ayudarte a minimizar tiempo, a liberarte de esa ansiedad y, sobre todo, te ayuda a acercar lo que haces hoy con lo que deseas en un futuro. Mi asesor financiero sabe cuánto deseo ganar de aquí a diez años, por consiguiente, él tiene muy claro ese número. Y teniendo en cuenta esas proyecciones, me ayuda a planificar acciones que se deben hacer ahora para que esa meta sea cumplida. Asimismo, me da seguimiento quincenalmente para saber cómo vamos, hacia dónde nos dirigimos y qué nos brinda rentabilidad en la marca.

SOLUCIÓN #3: TEN VARIAS CUENTAS BANCARIAS Y ESTABLECE REGLAS

Me gusta dividir mi dinero en distintas cuentas. Aquí te las menciono:

1. Cuenta de gastos corrientes personales:

Aquí están los gastos diarios de mi casa, un regalito para Isac, comer con la familia, entre otros. De esta cuenta saco el dinero para "premiarme". Aprovecho para decirte que esto es justo y necesario. Repito: justo y necesario. Mensualmente me doy un cariñito. Voy al spa, me hago un facial o me compro aquello que vi en una vitrina y me enamoró. Premiarte te ayuda a ver que ha valido la pena todo el esfuerzo. Además, si no disfrutas el dinero que ganas, ¡entonces de qué vale tenerlo! Esta cuenta se alimenta de un salario que yo misma me autoricé y que el contable me ayudó a determinarlo. Adicional del salario, me proveo unos bonos. Lo identificamos en base a un porcentaje de ganancias

NO SABRÁS CÓMO MANEJAR TU DINERO

de mi empresa. Si ese mes se hizo más, gano más. Eso me da motivación a trabajar y dar lo máximo. Ten en cuenta que todo negocio es diferente, consúltalo con tu contable y trabájalo de la manera que te convenga y comprendas.

2. Cuenta de ahorros personales y del negocio:

Mínimo tengo que ahorrar un 10 % de lo que deposito en mi cuenta corriente. Recuerda: esto es lo que a mí me funciona. A veces exagero y deposito hasta el 50 %, hago esto cuando sé que hemos sobrepasado las metas del mes. Esta cuenta es muy importante para mí. No se toca, solo se usa para alguna emergencia. Me gusta tener un plan de ahorros y ponerme una meta trimestral. Puedes tener distintas cuentas de ahorros: para viajar, educarte, planes futuros, para tus hijos o cualquier otro pariente, entre otras.

3. Cuenta del negocio:

Ahí se encuentran los depósitos de todas mis fuentes de ingresos, y ahí se manejan todos los gastos que tiene la empresa. Dentro de esta cuenta se determina siempre el porcentaje de inversión para nuevos equipos, educación, mercadeo u otros proyectos. También, mentalmente tengo una base para saber si estamos en promedio, si se ha gastado más de lo debido, o si vamos bien.

SOLUCIÓN #4: **CONTROLA TAMBIÉN TUS GANANCIAS**

Aunque siempre me enfoco en mis gastos, tengo maneras para ver claramente mis ganancias. Los empresarios muchas veces ganamos un dinerito por aquí y otro por allá. Y de la misma manera ocurre con los gastos… entonces, podemos llegar al punto de no ver lo que ganamos. De allí que sea tan recurrente la pregunta "¿a dónde se fue mi dinero?". Es por eso que configuro las plataformas como Eventbrite, Teachable, Shopify, Amazon, etc., para que me paguen cada 15 días, o cuando un evento ha sido completado. De esta manera puedo ver el monto total de ganancias y siento que tengo más control de mi dinero. Divido los porcentajes para cada cuenta, y sigo adelante.

Esta es la forma en que funciona en mi negocio. En el camino podrás notar qué es más fácil o manejable para ti. Hay personas que tienen cuentas adicionales para los niños, para la jubilación, entre otras. Lo importante es que debes tener un control y una organización. Tienes que saber cuánto dinero has generado, cuáles son tus gastos normales del mes, cuáles fueron esos gastos extras que tuviste ese mes (un curso educativo, un viaje, un arreglo del vehículo) y cuál es tu plan de ahorros. Debes saber a dónde va tu dinero y tener un plan anual de ganancias.

Yo visualizo y planifico cuánto dinero deben tener a fin de año mis tres cuentas, así puedo reconocer mi esfuerzo y celebrar lo que se ha alcanzado. Y quizá te preguntes... "¿Y si los números no son lo esperado?". ¡Hey!, me podría suceder... Un negocio se trata de altas y bajas; pero puedo evitarlo si mensualmente veo mis números. Lo inesperado no llega a ser una sorpresa si mes a mes analizas y haces todo lo que te enseñé. Este es el corazón de tu negocio, en todo momento tienes que saber qué está ocurriendo. No esperes el fin de año para saberlo.

REALIDAD #9:

FÁCIL ES LLEGAR, DIFÍCIL ES MANTENERSE

SOLUCIÓN #1: ENTENDER QUÉ ES EL ÉXITO

Muchos quieren llegar al éxito, pero pocos entienden cuál es su significado. Si te dijera que obtener éxito es la parte más fácil, quizá no me lo creerías. Y es que el éxito se puede encontrar incluso cuando vimos a nuestros hijos dar sus primeros pasos.

Para mí, el éxito es la satisfacción de haber alcanzado algo. No importa cuán simple o compleja sea la tarea, si tu meta es aprender a cocinar, correr una maratón de 10K, volverte "fit" o crear tu negocio; tendrás esa incomparable sensación de haber logrado esa meta que trazaste en tu mente, aquella que escribiste en una servilleta, o esa que tanto deseas y le comentaste a un amigo. ¡Eso es el éxito! Y es totalmente individual. Lo que es éxito para mí, no tiene que serlo para ti, porque es un sentimiento de logro, no el logro en particular. Recuerdo cuando una de mis clientes de mentoría me dijo que tuvo que detenerse al leer mi primer libro, porque a medida que lo leía, deseaba ser como yo. Ella quería lograr exactamente lo mismo y aun tener los mismos proyectos. Y en algún momento me dijo: "Vero, yo quería tener tu éxito".

Ella descubrió que aunque lograra lo que yo tenía o fuera como yo, eso no la iba a hacer sentir exitosa; lo que la tenía que llenar y dejar desvelada por la noche eran sus propios sueños. Así es que luego de entender eso, continuó la lectura de mi libro y comenzó a verme como inspiración, pero teniendo bien presente cuál era su meta personal.

No veas el éxito como si fuera dinero o como una persona que debe ser admirada. Ahora mismo, probablemente, ya eres exitoso en muchos aspectos de tu vida, pero no lo has reconocido porque no has entendido el concepto del éxito.

¿Ya te diste cuenta de que sí eres exitoso en ciertos aspectos de tu vida? Ahora, ¿cómo nos mantenemos en él?

SOLUCIÓN #2: CUIDA Y RESPETA EL ÉXITO

El éxito tiene un complemento, sería como el apellido de tu nombre, y debes mantenerlo como tu acompañante de por vida. El éxito es como una relación amorosa, hay que dedicarle tiempo, porque sino se enoja y se va. El éxito hay que respetarlo, no asumas que si lograste aquello que querías, no tienes nada más que hacer. El éxito no se da por sentado, no es una cinta que rompes cuando llegas al final de la carrera. Imagínate que debes llevarlo dentro de tu maletín o, más moderno aún, es como el celular que no dejamos en ningún lado. El éxito tiene que divertirse, sufre con la monotonía. Le gustan los cambios, los nuevos retos, y abrir las puertas a grandes oportunidades. El éxito hay que representarlo, cuidarlo y darle sus atenciones, no una sola vez sino siempre. Si piensas "ya no tengo nada más que hacer", lamento informarte que esto apenas comienza, y lo que hace interesante este mundo empresarial es encontrar las estrategias para mantenerse. Tienes que sujetarle la mano y caminar junto a él mientras vas trazando nuevos mapas. Declara ahora mismo en tu mente: "Éxito, tómame de la mano, nos espera un largo camino".

SOLUCIÓN #3: ¡DOCE REGALOS QUE VALEN ORO!

En el libro La Magia de Reinventarte hice una investigación sobre qué cosas se necesitan para ser exitoso, según empresarios, líderes y autores reconocidos. A estos consejos les llamé "Las pociones del éxito", su magia es que cuando la apliques, la podrás intercambiar por oro, fue un obsequio que entregué al final del libro. En este libro incorporo algunas de ellas, y he añadido otras que he aprendido en el camino para que las utilices como herramientas para mantener el éxito como acompañante de vida. Esa es la verdadera meta que todo empresario debe tener. Tuve que hacer una introspección, y aunque reconozco que aún me falta mucho por aprender, pensé en qué es lo que me ha mantenido por estos años en constante éxito.

A continuación te las menciono para que las guardes contigo y las utilices en tu camino empresarial. Recuerda: "no es llegar al éxito, es mantenerlo como tu acompañante de por vida".

1. Siempre tener un plan y una estrategia

A esto yo le llamo "Comienza con el final en mente". Debes tener muy claro lo que quieres lograr y hacia dónde vas a llegar. Un negocio sin un plan es un barco a la deriva. Esto se trabaja en todos los aspectos de tu negocio: finanzas, mercadeo, educación, empleados, viajes de negocios, equipos, materiales, entre otros. Si nos vamos por el área de mercadeo, uno de los errores más grandes que veo en el internet, es el exceso de contenido sin un plan. Yo le llamo "los que están jugando en el internet". La saturación de contenido en las redes sociales es evidente, pero nadie quiere hablarlo. Todos publican porque nos han dicho que hay que publicar sí o sí, y eso no es lo correcto. No se trata de cantidad, se trata de calidad.

Siempre recomiendo a mis estudiantes que publiquen una vez al día, pero si no hay una estrategia, por favor no lo hagas. Cada proyecto que hago debe tener un propósito, estructura y planificación. Cada evento tiene su por qué; su plan de mercadeo antes, durante y luego del evento. Cada producto en una tienda online tiene las palabras adecuadas en base a la búsqueda, previamente investigada, sobre el comportamiento que hacen mis prospectos y compradores. Este libro tiene un propósito, una audiencia específica a impactar, una forma concreta de mercadeo. Absolutamente todo lo planifico. Entre otras cosas, analizo: ¿Cuál es el propósito de este proyecto? ¿Cuánto quiero ganar? ¿Qué necesito para que esto se haga realidad? ¿Cómo lo haré? ¿En cuánto tiempo? ¿A quién necesito?

No tan solo se trata de tener un plan, hay que llevarlo a cabo. Mientras camino, analizo cómo voy, y así identifico si hay algo que tengo que mejorar o dejar de hacer. Constantemente analizo mis resultados. Mido mi productividad y mis retornos de inversión (ROI, por sus siglas en inglés). En mis programas educativos les digo a mis estudiantes la importancia de estudiar los datos. No me digas solamente que no estás vendiendo, dime por qué. ¿Qué te dice Facebook, Instagram o Shopify? Dime cuál es el problema o qué es lo que brinda resultados. ¿Es el producto, el anuncio, la audiencia a impactar, la página de venta? ¿Qué es lo que provoca que no esté funcionando lo que estás haciendo? O ¿qué es lo que provoca que generemos ganancias máximas? Se vale soñar, pero con astucia. Se sueña, pero con análisis. No es crear sin propósito, o como decimos en Puerto Rico: "a ver si sale". No tenemos tiempo para eso. El objetivo es que todo se haga conforme al plan que se estableció. Si esto que tengo en la mente no está dirigido a mi meta y "lo hago como quiero", entonces no lo haces para ganar, lo haces para divertirte, y los negocios no son un juego.

2. Retarnos

Yo soy prueba real de esto. Reconozco que siempre quiero ver de qué forma puedo retarme más. Cuando éramos 30 en un salón, quise 80, luego 100, y en un momento quise tener 500 personas en el centro de convenciones más grande e importante de mi país. No fue porque soy presumida, tampoco quería demostrarle a la gente lo que podía ser (aunque te confieso que había un poco de eso), era porque yo sabía que tenía el potencial para hacer grandes cosas.

En otro momento le dije a un amigo: "Cuando alguien te pregunte «¿Cómo lo hace Verónica?», contéstale: «Verónica no para de soñar, siempre desea más. Ella sabe que cada día puede lograr y aspirar más»".

Respeto enormemente los que llevan décadas haciendo lo mismo, pero yo no me veo así. Yo no quiero guardarme nada, quiero usar todo mi potencial, por eso no me imagino educando por diez años en el mismo lugar, haciendo lo mismo, y bajo el mismo esfuerzo. Yo sé que nací para más. Sé que fui diseñada por un Dios todopoderoso que me creó para hacer grandes cosas, por eso siempre estoy pensando "¿qué es lo próximo? ¿A quién más vamos a impactar ahora?". Yo reconocí que en mi país se había logrado bastante, quería expandirme y comencé a trabajar por ello. Cuando se me dio la oportunidad de firmar con mi editorial, tomé la decisión porque sabía que era momento de que mis libros impactaran a cientos de miles de personas. Y es un reto, porque significa comprometerte a escribir con una compañía por un tiempo determinado. Pero no solo escribir, es producir libros que vendan. Muchos no estarían dispuestos a tener esa responsabilidad, yo la asumí porque a medida que creces, nuevos retos llegan a tu vida. Como te dije en el punto 1, lo pienso, lo planifico, y me reto para hacerlo realidad.

3. Constancia y disciplina

No es un cliché, es una realidad. No es solo planificar o decir "tú puedes hacer más"; es provocar que las cosas sucedan. La constancia y la disciplina son las manos y los pies que mueven al emprendedor. Se trata de mantenerse firme, enfocado en los resultados que deseamos obtener y seguir y seguir hasta que los alcancemos. Es preguntarse: "¿No funcionó? Entonces, ¿por qué? ¿Cómo lo mejoro?". Pero no me detengo. Sigo buscando soluciones hasta llegar a la meta. Es ser comprometido con uno mismo. Es tomarme en serio. Es mirarme al espejo y decirme: "¡Lo vas a lograr".

A veces pienso que mi comunidad cree que yo toda la vida tuve muchos *likes*, comentarios y *shares*. La verdad es que mis primeros seis meses siempre tuve solo dos *likes*: el de mi hermano y el de mi esposo. Nadie me leía, y mi *inbox* no tenía mensajes. Si no hubiese sido constante, esa página de negocio estaría perdida, y yo igual… en el mismo cubículo del gobierno; pero yo no quise tener ese futuro. Me mantuve firme compartiendo contenido, explicando una y otra vez conceptos que por un momento nadie entendía. Lo sé, vivimos en un mundo de mucho ruido y estrés. Todos tenemos muchas responsabilidades, pero si no nos apretamos los pantalones, si no comenzamos a trabajar por lo que tanto anhelamos, ¿quién lo hará por nosotros? La vida es una, y es demasiado corta. No es solo proyectar, es cumplir con el horario establecido, con la meta de logro programada. Si tú no te respetas, ¿quién lo hará por ti? Si tú no te cumples, ¿quién lo hará por ti? ¡Es tu decisión!

4. Poner todo en manos de Dios

No me quiero guardar nada, quiero que lo sepas todo: mi negocio está en las manos de Dios. Cada plan, cada meta está sostenida por Dios. Tengo una comunicación muy bonita con Él, y Él sabe que tiene toda la autoridad para decirme si ese es el próximo plan o no. Cuando veo que algo no se da como espero, sé que sucede porque no me conviene. Aunque tenga que esperar, reconozco que Dios siempre tiene lo mejor para mí.

Guardo silencio todas las noches para escuchar lo que tenga que decirme. Dejo en manos de Él quiénes son las personas que me rodean. Permito que me quite y que me dé lo que Él quiera. Cada vez que subo a una tarima, puedo ver su grandeza y su promesa. Él guía mis pasos, traza mis caminos. Yo planifico y Él decide.

He tenido proyectos que no corren con la misma rapidez que deseo y he sabido decir: "Necesito tu ayuda, yo haré mi parte y lo haré como solo yo sé hacerlo, pero necesito que tomes control". Yo sé que Él siempre estará para mí; por eso pongo de mi parte. ¡Somos un equipo! Respeto las creencias de todo el mundo; pero yo creo en un Dios que no me abandona y me sostiene siempre con su brazo fuerte. ¡Búscalo! Háblale de tus proyectos y Él te responderá. Deja todo en sus manos y ocurrirán cosas maravillosas: primero, se te irá todo miedo y estrés; segundo, verás que todo obra para bien. *#deléxitoalcielo*

5. Confianza en mí

Esto me tomó tiempo. Todavía hay ocasiones en que le digo a mi esposo: "¿Tú crees que lo pueda hacer bien?". Créeme, no soy perfecta, pero a medida que pasa el tiempo puedo reconocer cuáles son mis fortalezas. Cuando me llaman figuras públicas o marcas reconocidas, siempre escucho lo que me solicitan y la mayoría de las veces digo que sí, aun sin saber en un primer momento cómo lo haré. Lo hago porque sé que soy autodidacta, y para todo lo que quiero lograr, busco la forma de hacerlo o pido ayuda hasta que salga. Cuando se me mete una idea en la cabeza, confío en mí, los resultados no se dan por arte de magia. Yo sé que siempre tengo un plan, que soy disciplinada para que eso se pueda volver realidad.

Cuando estaba por firmar un contrato en el Centro de Convenciones, hablé con un compañero sobre la idea. Él me dijo: "Vero creo que debes esperar un poco más". Terminé la llamada y llamé al Centro de Convenciones: "¿Cuándo firmo?". Mi propio hermano, a pesar de que confía siempre en mis habilidades, estaba asustado por el gran reto. Mi madre, ni se diga, apenas podía dormir; pero yo aun con ansiedad estaba firme. Sabía que estaba en mí el poder lograrlo. Estaba en mí hacerlo posible. Y como decimos en Puerto Rico, ya el plan lo tenía *planchao*.

Tú conoces cuáles son tus habilidades y fortalezas para seguir trabajando, y también conoces las debilidades para los momentos en los que hay que pedir ayuda; pero nadie más que tú conoce ese deseo ardiente que tienes dentro de ti para lograr ese proyecto. ¡Tú eres capaz! ¡No te atrevas a boicotearte! Confía.

6. Seguir siendo yo (tener los pies en la Tierra)

Este punto no lo había pensado hasta que le pregunté a mi esposo: "Mi amor, ¿por qué crees que me he mantenido exitosa?". Rápidamente contestó: "No importa lo que pasa, sigues siendo la misma". Este punto lo hablaré detalladamente en el próximo capítulo; pero cuando lo analicé, pensé que Emmanuel tenía mucha razón. Lo que me rodea, lo nuevo que he adquirido o aprendido, o a quiénes he conocido durante esta jornada, no han modificado quién yo soy. No cambio aquello que un día conectó y aún conecta con muchas personas. Mantenerse genuino, con los pies en la Tierra, y seguir haciendo las cosas con amor es lo que mantiene a un ser vivo en todos los aspectos.

¡Estoy loca por verte pasar al próximo capítulo para hablar de esto!

REALIDAD #10:

SE TE PUEDEN "SUBIR LOS HUMOS"

SOLUCIÓN #1: NO PIERDAS NUNCA TU ESENCIA

Me encanta recordar experiencias, sobre todo aquellas que fueron el comienzo de una mujer llena de sueños. Como hablábamos en el capítulo anterior, mantener los pies en la tierra es crucial para seguir caminando acompañado del éxito. El mundo empresarial tiene muchos cambios, es similar a subir a un elevador de un edificio muy alto, y tan pronto abren las puertas del elevador ves una vista fascinante desde el piso 115. Entonces te obsesionas y quedas maravillado.

Cuando sientes el gran poder del éxito y descubres todas las cosas que puedes hacer, sientes supremacía, y si no lo sabes controlar eso puede ser muy peligroso. Es tan peligroso que puedes perder en segundos todo lo que has construido. Recuerdo cuando vivimos la pandemia de COVID en el 2020, un mes antes de comenzar el aislamiento en mi país, Puerto Rico, yo hacía uno de los lanzamientos más importantes de mi marca: *Ecommerce Avanzado*. Mi programa educativo completamente en español donde empacaba todo lo que necesitabas saber para planificar, crear, lanzar y hacer crecer una Tienda Online que ganaría mucho más, y más rápido. Fue un programa que me tomó meses planificar, crear, grabar y editar.

Finalmente, cuando lo lanzo, se avecinaba una de las crisis mundiales más grandes de la historia. Y, para mi sorpresa, fue la pandemia la que provocó que mi programa educativo se convirtiera en una oportunidad de reinvención para aquellos que se quedaron sin trabajo, y una alternativa para vender productos o servicios de manera digital a aquellos que tenían negocios detenidos.

En menos de tres meses yo era una mujer cuyos videos impactaban el mundo; que crecía de seguidores sin detenerse, y que su cuenta de banco se cuadruplicó sin tener que salir de su hogar.

¡Fue una locura! La televisión, la radio, *podcasters*, *youtubers*... todos quería entrevistar a Verónica sobre cómo el *Ecommerce* impactaba positivamente y nos ayudaba en el día a día mientras vivíamos la pandemia. Yo no pude digerir todo lo que estaba pasando en ese momento. Y aunque prometo contar en otro libro cómo es sentirse vacío en medio de un ambiente que muchos pueden llamar "próspero", puedo adelantarte que estaba aterrada. No quería que el exterior, que era tan y tan grande, invadiera mi interior. Trabajaba para no dejar de ser la misma Verónica que mi familia conoce; y que también conocían mi iglesia, amigos y comunidad en redes.

A continuación, quiero mostrarte algunos elementos que son buenos que lleguen, pero debes tener siempre el control sobre ellos, de lo contrario puedes caer en el abismo y perder de vista quién eres, y lo que verdaderamente es valioso: tu corazón.

El dinero

En este emprendimiento he conocido personas millonarias, he visitado lugares de mucho lujo y he podido viajar y conocer el mundo más allá de lo que he imaginado. Jamás pensé gastar una buena cantidad de dinero en un bolso o en una botella de vino. ¡Lo disfruto y he trabajado fuerte para poder lograrlo! Y aunque muchos piensen que el dinero no da felicidad; la verdad es que me ha permitido pasar momentos asombrosos en lugares mágicos con la familia y los amigos. Ahora, puede ser una navaja de doble filo. Y no quiero que me malinterpretes, el dinero no es el protagonista de esta historia. Él no es el malo, aunque muchos lo llaman "el causante de los problemas", ni tampoco tiene por qué cambiarte; y es ahí donde quiero llevarte.

El dinero no tiene nada que ver con la calidad de seres humanos que podemos ser. He visto personas pobres siendo presumidos, y he conocido personas con mucho dinero llenos de humildad. Es un hecho que el dinero puede resolver ciertas situaciones, hacernos la vida más fácil y ayudar al que necesita. También me ha permitido ayudar a muchas personas, familiares y niños; pero también es cierto que el dinero o el lujo puede llevarnos lejos de la realidad si no tomamos el control. No tan solo puede cambiar nuestra realidad, incluso puede cambiar para mal la forma en que otros nos perciben.

No me gusta confundir a mi audiencia. No quiero que piensen que lo que se puede obtener por medio de mi negocio sucederá de la noche a la mañana. La verdad es que ese mercadeo donde presentan dinero en efectivo para decirte "compra mi curso", no es mi estilo. Tampoco me gusta promocionarlo de esa forma porque considero que no llegará el tipo de cliente que deseo o los que son afines con mi marca. Es una realidad que el comercio electrónico no se ha promocionado siempre de la forma correcta. Es fácil ver "educadores" frente a un Lamborghini alquilado o frente a una mansión alquilada, diciéndote que puedes ser muy pronto millonario... ¡pero esa persona debe tener dinero para alquilar ese auto o esa mansión! Al final, todos sabemos que debemos esforzarnos para poder conseguirlo. Esa apariencia no es mi forma de mercadearme y —lee bien— no lo será nunca.

En algún momento se reflejará que estás produciendo más dinero que antes; y el dinero, como ya te mencioné, no es el problema. Si puedes irte de *spa* semanalmente, ve. Si quieres publicar que te compraste un producto Louis Vuitton de $5000, hazlo. Si pudiste obsequiarle una casa nueva a tu mamá, felicidades. Trabajaste por ello. El problema es cuando el dinero provoca, por una razón u otra, que dejes de ser esa persona que algún día conectó con muchas otras, y te hace perder la sensibilidad de ser humano. Para mí, el dinero sí puede darte momentos hermosos y experiencias que te marcarán toda la vida. El dinero es solo un complemento, un resultado de mucho esfuerzo. No es malo que te guste el dinero, no es malo que te visualices teniendo mucho, no es malo que quieras vivir los mejores momentos de tu vida alrededor del lujo. No es malo que prefieras ver el atardecer en una *suite* que en una tienda de campaña frente a la playa. El dinero es un accesorio y tú sigues siendo tú. No dejes que el dinero que produces cambie tu esencia como ser humano, tu deseo de ayudar a otros, o la forma de ver al que necesita de ti. Disfruta el dinero que has conseguido por tu esfuerzo, pero no permitas que este cambie lo que hay dentro de ti.

Las posesiones

Esto va de la mano con el dinero. Quiero presentarte más o menos el mismo concepto, pero no se trata de cómo te vistes o cómo deseas lucir; se trata más bien de la manera cómo ostentamos lo que tenemos, voluntaria o involuntariamente. En la actualidad viajo todos los meses, en ocasiones hasta dos veces al mes, ya sea para dar charlas en algunos eventos, educarme o incluso para ver proveedores. Por un tiempo, para cada viaje estimaba un gasto en ropa por 700 dólares. Sin darme cuenta, entré en la obsesión de las redes sociales, de no repetir mi ropa para cada viaje y así tener "contenido con estilos diferentes". Un día separé tiempo para ordenar mi closet, y mientras lo hacía encontré unos accesorios que no recordaba que había comprado. Cuando los vi, me emocioné, ¡se me había olvidado que yo había hecho esa compra! Sin embargo de inmediato pensé: "Verónica, hasta dónde has llegado que no recuerdas lo que compras". Me dio una tristeza y una vergüenza que no les puedo explicar.

Recuerdo que ese día entré a mi Instagram y por medio de las historias conté lo que estaba sucediendo. Admití que me sentía muy mal. Cuando miraba detenidamente mi closet, veía que tenía ropa que nunca había usado y calzado que solo usé una vez. También tenía blusas casi idénticas, con el mismo color y el mismo estilo; envases de cremas para la piel, para el rostro y

167

maquillajes, entre otras cosas repetidas. ¡Podía tener dos o tres unidades de la misma crema!

Yo estaba mal. Llegué lejos sin darme cuenta. Y aclaro el punto: el problema no es tener las cosas, se trata del motivo por el cual las tenemos. Desde ese momento creé un espacio de "backup" para las cosas que tenía repetidas y me prometí hacer una lista de las cosas que necesitaba antes de ir de compras, para ser clara y estar consciente de no comprar lo que ya tengo.

Desde ese momento dejé el pensamiento obsesivo, y también dejé de ser guiada por un objetivo incorrecto: tener ropa nueva para cada viaje. Vivimos en un mundo donde no puedes usar la misma ropa muchas veces porque te criticarán y se burlarán de ti. ¿Hasta dónde tenemos que llegar para aparentar lujo o "ser influyente"? ¿Eso me determina si soy o no exitoso? ¿Eso cambiará la forma en que mi comunidad pueda verme? La realidad es que no. No quiero que me malinterpretes, la imagen es muy importante en el mundo de los negocios. Me encanta verme "set", como decimos las mujeres. Tener mi pelo arreglado, mi ropa planchada, mi maquillaje sencillo, pero lindo, y amo tener zapatos de colores. Nunca es suficiente para tener zapatos. También entiendo que hay "fashion bloggers" que viven de la moda y de presentar un "lifestyle". De eso viven, gracias a eso generan dinero, sin embargo no quiero que ideas como "¿qué me pongo?", o "esa ropa la usé en mis redes", sea una especie de esposas de policía en tu vida. Eso no tiene que provocar estrés o ansiedad, porque eso no define tus habilidades ni el propósito de tu negocio.

Ese no es mi caso y no tiene que ser el tuyo. Sé consciente de que las personas conectarán contigo por lo que tienes que ofrecerles. Mis clientes me prefieren por mi servicio y la ayuda que tengo para sus negocios. Las personas me siguen por mi contenido y mis recomendaciones. Estoy segura de que en el momento que permita que "la imagen" cambie mi norte, ese día dejaría a un lado la esencia de Verónica Avilés... y, por consiguiente, estaría destinada a caer en un lodo del que no podré salir jamás. No permitas que lo exterior influya en ti. Observa cómo el dueño de Facebook usa siempre el mismo color de camisa, lo mismo pasaba con Steve Jobs, de Apple; y ambos perduran como los empresarios más exitosos e influyentes de la historia.

No dejes que la imagen influencie en la tranquilidad y productividad de tu negocio. Si te encanta vestirte a la moda y distinto todos los días de tu vida, ¡bien por ti!; pero que sea así porque tú lo quieres, no porque la sociedad que te rodea quiera imponerlo. Si amas la moda, ¡excelente! La imagen no es el asunto, el problema viene cuando nos sentimos obligados a "estar a la moda", por lo que van a pensar de mí, o porque siento que tengo que demostrar cierta calidad de vida. Nuevamente, no es el acto de comprar el problema, es el por qué compramos.

Quiénes te rodean

Ya sabes que eres la sumatoria de quienes te rodean, y no todos se merecen esa oportunidad. Analiza bien quién te acompaña en el camino y de qué forma te hace mejor o peor persona. En el camino empresarial uno ve muchas cosas. Así como ves colaboración, amistad y ayuda; también podrás ver maldad, egoísmo y envidia. No permitas que las personas que te rodean dañen tu esencia. No permitas que nadie ensucie tu corazón y te llene de pensamientos de maldad. No dejes de ser tú para agradar a otros. No permitas que cambien aquello que te ha hecho especial.

Si sientes que no eres aceptado como realmente eres, sal de ahí. Si sientes un dolorcito en el pecho porque sabes que no estás escuchando lo que es correcto o ético para ti, sal de ahí. No vale la pena. He conocido y he colaborado con personas muy inteligentes y de gran conocimiento en lo que hacen; y aun así he sabido cuándo terminar relaciones de negocios por no tener los mismos valores. Aquellos que son importantes para mí como persona, mentora e hija de Dios.

Mantén tu enfoque. No cambies aquello que un día provocó que otras personas te admiraran, te siguieran y consumieran tu producto o servicio. En el mundo empresarial es muy fácil perder de vista la realidad. Mantener los pies en la Tierra nos permite ver claramente las cosas que nos suceden. Nos ayuda a analizar qué es lo mejor para nosotros y tomar mejores decisiones en nuestra vida y nuestro negocio. Y si en algún momento te sientes perdido, regresa a tu lugar de encuentro, donde todo comenzó. Recuerda aquellos momentos cuando eras un soñador. Cuando imaginabas grandes cosas. Escucha tu silencio y pide a Dios mantener tu esencia. Respira hondo y recuerda paso a paso todo lo que tuviste que hacer para llegar a donde estás.

Nuestra esencia es lo más importante que tenemos como seres humanos. Es lo que nos diferencia, lo que nos hace únicos. Ama y protege tu esencia siempre.

SOLUCIÓN #2: HAZ LAS COSAS CON AMOR Y NO PIERDAS SENSIBILIDAD

No hay nada más satisfactorio que hacer las cosas con amor. Te da una gran sensación de plenitud. Siempre he mencionado en mis redes sociales que debes buscar para qué eres bueno (¡te acuerdas que yo quería que así fuera el nombre de mi primer libro!), aquello que te apasiona, para que todo lo hagas con felicidad. Haz las cosas porque serán de beneficio para los demás. Tu enfoque no puede ser el dinero. Entiende una cosa; cuando todo se hace con amor —y podrá sonar 'fresita"— como resultado llegará el dinero; recuerda que el dinero es un complemento. Mientras escribía mi primer libro, la persona que me guiaba me dijo: "Vero, no hay mejor sensación que firmar un libro". Y saben qué, ¡lo es! Claro que es importante saber cuánto dinero ha generado las ventas del libro; pero lo que te llena, lo que verdaderamente te hace sentir amor, es cuando ves las caritas de las personas diciéndote: "Vero gracias por cambiar mi vida", "Vero, me moría de ganas de conocerte", "gracias por escribir este libro", o "¿puedo tomarme una foto contigo?".

Al comienzo soñamos con tener la cuenta bancaria llena de muchos dígitos; pero cuando llegas a ese momento, piensas: "¿Cuánto he disfrutado? ¿Cuánto tiempo libre he tenido? ¿Cuán próspero me siento? ¿Sigo amando lo que hago? Somos personas llenas de emociones, es inevitable pensar en algún momento cómo nos sentimos. Hacer las cosas con amor nos lleva a unos niveles imparables de producción porque tu energía está concentrada en las vidas que vamos a impactar, en los paradigmas que vamos a cambiar, en los comienzos de proyectos que ayudaste a implementar. Mis mayores emociones no son cuando las taquillas de mis eventos se venden sin parar; se dan cuando me subo a la tarima y veo mucha gente dispuesta a trabajar para ver cambios en su vida. También cuando recibo correos electrónicos o mensajes al *inbox* de cómo mi libro o programa educativo ha ayudado a su negocio o su vida. Como resultado, y sin darle mucho color, llegará el dinero. Y perfecto... ¡qué bueno que llegó!

Algo que acompaña al amor, es la sensibilidad. Creo que nunca había pensado tanto en esto como hasta ahora. Un día almorzaba con una compañera y ella me decía: "Vero, ¡es tan importante ser sensibles! Nosotros ya somos libres, pero aún hay gente buscando cómo salir". Yo quedé impactada. Acostumbro a ir tan de prisa que no había pensado en eso. ¿Hasta dónde puede llegar "el querer inspirar y motivar a los demás"? ¿Con qué sensibilidad nos dirigimos a los otros que están como nosotros cuando comenzamos? Quiero compartirte algo que coloqué en mis redes sociales junto con una foto en la que me veía bien vestida posando para un fotógrafo. Me asombró la cantidad de personas que se sintieron identificados. Realmente fue un mensaje para aquellos que ya estamos en la etapa de haber encontrado para qué somos buenos.

«*Acostumbramos a reflejar un nuevo estilo de vida, el "mira cuánto viajo" o "mira cuánto tengo". Déjame modelar por aquí y por acá, y que se vea el Cartier y la libertad que tengo en mis manos. Seguimos y seguimos hasta que aquello que creemos que es "dar inspiración" se convierte en perder algo tan poderoso que se llama sensibilidad. Aún hay gente allá afuera dentro de un cubículo, confundida, con temores e inseguridades. La gente no quiere saber qué es lo que tienes, sino cómo lo conseguiste. El mercadeo está cambiando, las personas quieren ver el lado humano y sensible que hay en ti. Si tu verdadero propósito es ayudar e inspirar, ¡tienes tantas formas diferentes de hacerlo! Ya la gente está cansada de ver personas en un jet o un carro deportivo alquilado, o de oír que por arte de magia serán millonarios. Te invito a dar contenido diferente; te invito a que conectes con las personas que necesitan de tu conocimiento. A mi comunidad: esta mujer que ven en la foto no siempre fue así. Lloraba y me revolcaba en el piso con confusiones; llegué a decir que Dios no me escuchaba. Fue un proceso, no fue fácil, pero se pudo. Aquí estaré para apoyarte y guiarte siempre. Porque yo estuve ahí, sé cómo se siente. Créeme, ¡tú puedes con todo! Tienes que estar listo para cuando llegue tu momento. Besos.*

Las redes se desbordaron de comentarios... "Gracias, Vero", "se me pararon los pelos", "muy cierto", "lo mejor que he leído en mucho tiempo". Tú conoces el proceso, sabes que salir de la zona de comodidad no es nada fácil. No importa cuánto has logrado, no olvides que aún hay mucha gente confundida, frustrada y con temores. Vivimos felices, plenos y eso lo entiendo, pero que tu felicidad, más allá de inspirar, no pase a ser algo frío y duro para otros. Inspira y motiva sin perder tu sensibilidad. ¡Que no se te suban los humos!

SOLUCIÓN #3: SÉ AGRADECIDO

Da gracias en todo tiempo y en todo momento. Me doy cuenta que mientras más agradezco, más recibo y más feliz me siento. Agradece en las mañanas por abrir tus ojos, desayunar y ver a tu familia. Almuerza y da gracias por los alimentos. En la noche, agradece; y antes de acostarte, por haber tenido un día maravilloso. Vivir en gratitud te puede arreglar el día. Un día escuchaba a una pastora diciendo que diéramos gracias hasta por las personas que nos recogen la basura todos los días: "Si no fuera por ellos viviríamos en un mundo lleno de peste y gusanos". ¿Te has puesto a pensar en eso? ¡Recuerda tener tu lista de agradecimiento en la mesita de noche! Nada más bonito que un corazón agradecido.

SOLUCIÓN #4: **DA DE LO QUE TIENES**

Un día fui a una charla donde conocí a una de mis autoras favoritas: Luz María Doria. Ella, dentro de todo lo que nos expresó esa tarde, habló de que antes de que fuera su cumpleaños había decidido hacer sus "Cincuenta actos de bondad", y esto incluía ayudar o dar a otros de alguna manera. Me pareció interesante, y para mi próximo cumpleaños, mientras escribo este libro, espero poder hacerlo. De todas maneras pensé cómo podía implementar algunos actos bondadosos en este libro para aquellos que quieran realizarlo. Muchos de nosotros, los empresarios, a veces quisiéramos poder hacer más por los demás, pero sentimos que no tenemos tiempo; y aunque siempre se puede sacar algo de tiempo para las cosas que deseamos, quiero darte unos *tips* en caso de que no tengas la oportunidad para crear una fundación o coordinar una actividad benéfica:

1. Comprar una comida adicional o crear un kit en una bolsa ziploc con productos esenciales, y entregársela a una persona con necesidad de alimentos.

2. Hacer donativos a distintas entidades. Actualmente existen aplicaciones y páginas web donde puedes acceder fácilmente y hacer tu donativo.
3. Compartir publicaciones en tus redes sociales que sean para ayudar o motivar a los demás.
4. Pagarle la compra a alguien en el supermercado. No tiene que ser una gran compra. Simplemente es sorprender a alguien.
5. Ayudar a una persona mayor a cruzar la carretera.
6. Dejar comida en albergues de animales.

No tiene que ser específicamente estos consejos que te doy. Puedes crear tus propios actos de bondad. Tampoco tienen que ser cuarenta o cincuenta. Aquí lo importante es sentirnos agradecidos y poder dar a los demás lo que por gracia tenemos. Te darás cuenta de que con un pequeño acto de bondad, podemos hacer una gran diferencia.

SOLUCIÓN #5: INFLUYE POSITIVAMENTE EN LOS DEMÁS

SÉ UN LÍDER TRANSFORMADOR

Un día invité a mi oficina a un compañero (y ahora gerente de mercadeo de mi marca) para darle la noticia que deseaba crear la primera academia de comercio electrónico en Puerto Rico. Una academia donde pudiera ayudar a personas de una manera más personalizada por seis semanas. Concluí la idea diciéndole: "Yo deseo hacer esto, pero humanamente no podría sola, ¿por qué no somos socios?". Sus ojos se agrandaron, sudaba en frío. Estaba totalmente nervioso, pero rápidamente me dijo que sí. Le dejé saber los costos de la Academia, iba a ser un "high ticket" (boleto de precio más alto), como le llamamos. Entonces saqué una hoja y le dije: "Escribe en este papel cuánto deseas ganar". Él me miró, confundido, y me dijo: "No sé qué número colocar". "¿No sabes cuánto dinero quieres ganar?", le contesté. Me respondió: "No". Saqué otro papel y escribí una cantidad de dinero, di vuelta a la hoja (hacia él) y le dije: "No sé tú, pero esto es lo que yo voy a ganar. Cuando te vuelva a ver quiero hacerte la misma pregunta y quiero una respuesta".

Realmente la parte importante no era la cantidad de dinero que apuntara en la hoja, era su visión. Yo quería ver cómo él se veía. Yo quería saber, en primer lugar, si él reconocía el potencial que tenía y, segundo, si podía ser parte de mi enfoque. Recuerda, quiero personas a mi alrededor que compartan los mismos objetivos que yo tengo. Tercero, quería demostrarle la importancia de visualizar los resultados al hablarlos y cómo trabajar efectivamente para lograrlo. Los siguientes días tuvimos una reunión en un restaurante, lo invité para discutir algunos detalles de la Academia que comenzaba a tomar forma. Él aprovechó el momento, y me dice: "Vero, tengo que agradecerte esta oportunidad que me has dado". Yo sonreí y le contesté: "No, quien tiene que agradecer soy yo. Gracias a ti soy una líder transformadora". Al ver su cara de confusión le expliqué lo siguiente:

Cuando tomé la certificación de John Maxwell, adquirí su libro "Desarrolle el líder que está en usted 2.0". En este libro, él especifica que hay 5 niveles de liderazgo, y lo representa como una pirámide. Comenzaré a mencionarlos desde la base hasta la cúspide.

1. POSICIÓN

El nivel más básico del liderazgo. Es el liderazgo antes de que un líder haya desarrollado una influencia. Las personas te siguen porque tienes alguna autoridad o título. En resumen, te siguen porque no les queda de otra: tienen que hacerlo.

2. PERMISO

En este nivel las personas te siguen porque quieren hacerlo. Has ganado algo de influencia, por la cual la gente quiere que tú lideres.

3. PRODUCCIÓN

Las personas te siguen por lo que has hecho por la organización. En este nivel las personas logran cosas y producen resultados.

4. DESARROLLO HUMANO

Las personas siguen al líder a causa de lo que has hecho por ellas. Los líderes llegan a ser sobresalientes no por su poder, sino por la habilidad de empoderar a otros.

5. PINÁCULO

Las personas te siguen a causa de quién eres y lo que representas. Este tipo de líder enseña y alienta a desarrollar líderes de alto nivel. Es un líder transformador.

Y esta es la razón por la cual te presento esta historia. Más allá de ayudar a personas a tener resultados en sus negocios, o ayudarles a cambiar su mente empresarial por medio de mis libros; yo quería llegar a la cúspide de esa pirámide de liderazgo. Yo leí eso y pensé: "Wao, aún me falta mucho por hacer". Yo quería tener ahora la responsabilidad de ayudar a otros a ser grandes líderes. Al leer ese libro, comenzó en mí ese deseo ardiente de querer buscar y desarrollar nuevos líderes en mi industria. ¡Yo quería convertirme en una líder transformadora! Actualmente he incorporado otras personas que se han educado conmigo y que también han creado sus marcas personales. Les doy exposición en mis plataformas para que puedan ayudar a mi comunidad con sus talentos y a la vez crecer sus marcas es un *win-win* para mí.

Los veo de lejos, se identifican los que comparten mis valores y tienen ganas de ayudar; y les doy mis mejores consejos para que puedan sobresalir en su industria. Con mis colegas hago lo mismo. A veces se me acercan para pedirme consejos o estrategias de ventas o mercadeo, y siempre estoy dispuesta a enseñar y entregar lo que me funciona. Para ellos es "Vero, gracias por esta oportunidad"; pero para mí es poder dar de lo que Dios me ha dado. Un líder transformador es aquel que siembra semillas en los demás.

Ahora te pregunto, ¿qué te parece si trabajas para ser un líder transformador? ¿Por qué no compartes tu conocimiento a aquellos que veas que tienen el potencial de lograr grandes cosas? Un verdadero líder es aquel que no teme enseñar sus mejores habilidades a otros y derramar su conocimiento en otras cabezas para llegar a un bien común. Un buen líder mira a dónde quiere llegar, trabaja para llegar allí y enseña a otros el camino. Los líderes transformadores desean desarrollar a otros líderes, y que se conviertan en personas más exitosas que ellos.

Sueño con poder estar sentada en convenciones en distintos lugares del mundo y poder ver a otros líderes hablando ante miles de personas, y saber que yo contribuí en su formación y su éxito. Esa es la manera en la que quiero que me recuerden. Esa es la forma en la que quiero que otros líderes me recuerden: cómo los ayudé y apoyé. Mi llamado para ti es que no te quedes con tu conocimiento. ¡Compártelo y atrévete a desarrollar otros líderes! Ese es el mejor legado que podemos dejar en este mundo.

Soy sal y luz para el mundo

Cuando estaba por culminar el manuscrito de este libro, estaba tomando unas clases en mi iglesia todos los miércoles. Allí te preparan para que navegues hacia a un futuro extraordinario por los próximos diez años. Así como lo lees, no te preparaban para un año, sino para una década. Dentro de lo que enseñaban, mencionaban que hay nueve áreas de tu vida con las que debes trabajar durante todo ese tiempo. Desde la familia, finanzas, negocios o profesión y salud, entre otras. Durante todos esos días, llegaban nuevos conferenciantes a hablar de un área en particular.

Aquel miércoles llegó Samuel Clavell, un educador espectacular en temas de liderazgo y autor de "¿Cómo fabrico mi queso?", a quien le tocó hablar de la comunidad. Cuando él dijo en la tarima que ese miércoles estudiaríamos acerca de la comunidad, automáticamente muchos suspiraron como diciendo *"ah, OK... ¿Qué podemos aprender de la comunidad?"*. Sinceramente, yo fui una de ellas. Al ver a Samuel Clavell en la tarima, inmediatamente pensé que le tocaría el área de finanzas o negocios; pero ¡qué sorpresa llena de aprendizaje nos dio! El habló de la importancia de ser sal y luz para el mundo. Él decía: *"Uno de los beneficios de la sal es que ayuda a preservar. Cuando aplicamos la sal a las carnes esto ayuda a que no se descomponga. ¿Es responsabilidad de la carne descomponerse? ¿O es responsabilidad de quien aplica la sal para que se adhiera bien a ella?"*. Continuaba diciendo: *"¿Qué sucede con la sal que colocamos en nuestra mano y no utilizamos? La desechamos"*. Quedé impactada, anonadada, y a la vez emocionada. Era un reguero de sentimientos. "¿Qué me está queriendo decir?", pensaba. Y la respuesta era fácil: nosotros tenemos que ser sal y luz para el mundo. Debemos dar de lo que tenemos, de nuestro conocimiento, apoyo, amor, serenidad, templanza.

Tú naciste para impactar a los demás, no para esconderte. Siempre escribo en mis redes sociales que es nuestra responsabilidad encontrar nuestras habilidades para compartirlas con los demás y poder decirle a Dios, cuando nos llegue nuestro día: "Dios, mira todo lo que hice con lo que me regalaste". Si no vives de esa forma, queriendo encontrar ese propósito, terminas siendo como esa sal en la mano que no se utilizó. Desechado. Somos sal y luz para el mundo para evitar su descomposición y oscuridad. Es nuestra responsabilidad trabajar para desarrollar nuestras habilidades y conocimientos para impregnar a aquellas personas que nos necesitan, que se encuentran perdidas, aquellas que necesitan palabras de aliento, consejos para organizarse y desarrollar nuevas ideas. No tienes la más mínima idea de cómo pequeños gestos pueden contribuir a una persona de forma emocional o personal.

Mientras comenzaba a desarrollar mi pódcast "Hablemos Ecommerce", contraté a un experto en esta plataforma. Lo delegué para poder tener tiempo y dedicarme a mis otras tareas. Él tiene la costumbre de proyectar felicidad, tranquilidad y armonía. Cuando le preguntas "¿cómo estás?", te contesta "¡feliz!". Para él, todo estará y saldrá bien. Siempre me proyecta y me brinda esa tranquilidad de que todo está corriendo como tiene que ser. Un día le dije: "No quiero que pienses que tú solo me ayudas a hacer un pódcast y ya. Tú en estos momentos eres sal y luz para mí. Con tus llamadas y palabras de felicidad me transmites esperanza y has llegado a cambiar mi día. Gracias". Cuando le dije eso se sorprendió, y me dijo: "Vero, gracias, porque a veces trabajamos en automático y no sabemos que más allá de completar una tarea para otros, tenemos la oportunidad de inspirar, alegrar y ayudar a otros, incluso con nuestras actitudes o forma de ser".

Esto es lo que quiero que te lleves en este libro. Quiero que cada paso que des tenga un propósito, y que estés consciente de que siempre tienes una gran oportunidad para iluminar la vida de otro. Te repito, y quiero que lo entiendas: es tu responsabilidad seguir encontrando para qué eres bueno y cómo puedes seguir creciendo, con el único propósito de ser sal y luz para el mundo. Aun con una sonrisa puedes cambiarle un momento de tensión a una persona.

Para mí, las redes sociales es una responsabilidad. Todo el mundo las usa como nuestro pan de cada día, compartimos contenido y las utilizamos como si no tuviera algún efecto en cientos de personas. ¡Oye! Las redes sociales nos dan la oportunidad de inspirar y motivar a otros. Son plataformas para tener conexión con miles de personas desde el celular. Cuando hay situaciones difíciles en el mundo o en tu país, no seas uno más en compartir terror y ansiedad. Sé diferente. Piensa "soy sal y luz para el mundo". Cuando otros compartan angustia, brinda palabras de ánimo. Cuando unos escriban controversias, enfócate en educar y brindar herramientas de desarrollo personal o profesional.

Siempre le digo a mis estudiantes: "Yo comparto en mis redes sociales contenido que provoque que mis seguidores o clientes me conozcan, informo sobre algún tema o vendo algún producto". Si lo que vas a publicar no informa de buena manera, no te hace vender tu producto o servicio, o no hace que te conozcan de la mejor manera, no lo publiques. Sobre todo en tus páginas de negocio. A nadie le interesa nada más que no sea conocerte de forma positiva, ver qué tienes que ofrecerle y aprender.

¡Nada más! Ser influyente no tiene nada que ver con la cantidad de *likes* en tus redes sociales. Puedes tener diez seguidores, y ya son personas a impactar. Utiliza tu influencia de forma positiva, da ánimo e inspira a otros a trabajar por sus sueños, de una forma directa y clara, pero sin perder la sensibilidad. Siempre actúa distinto.

Si tú estás leyendo este libro hasta aquí, es porque eres diferente. Siempre hay una persona que necesita de ti. Siempre hay alguien que necesita palabras de motivación y consuelo. Te doy el ejemplo con las redes sociales, pero puede pasar en tu comunidad, trabajo, o hasta con tu pasatiempo. Dondequiera que te encuentres sé sal y luz para otros. ¿En qué áreas de tu vida crees que debes cambiar o modificar para ser sal y luz para los demás? ¿Has logrado encontrar tus habilidades? ¿Ya conoces el propósito por el que fuiste creado? Te dejo esa tarea. Atrévete a darle sabor al que te rodea y ayuda a que sus caminos se vean con más facilidad.

Querido empresario, no eres el primero ni él último que le suceden mil cosas en este camino tan fuerte. Ya puedes observar que aun teniendo altas y bajas, la vida de los negocios sigue valiendo la pena. Te presenté diez realidades, pero te prometo que hay muchas más. No quiero que te enfoques en las realidades, sino en las soluciones. ¡Porque eso es lo bueno! Siempre hay una solución. Al escribir este libro no doy por sentado que no me ocurran nuevas situaciones. De hecho, en el proceso de edición de este libro pasé por los momentos más duros que he tenido en mi camino empresarial. Fueron momentos en los que de verdad pensé tirar la toalla. Sin embargo, el apoyo de mentores, amigos, familiares y aquellos que te siguen por quién eres y por lo que has hecho, hizo que siga en pie. Sobre todo porque una y otra vez Dios me recuerda el propósito por el cual fui creada.

No olvides que seguimos siendo de admiración, por luchar y trabajar en un mundo donde no es nada fácil; pero que nuestra misión y las ganas de seguir transformando vidas son más grande que los retos. No hagas caso a lo que puedas ver en tus redes sociales, una vida perfecta que todos dicen tener. Enfócate en tu plan, en tu propósito, y provoca que tu camino sea más eficiente. Ya sabes que no será color de rosa, pero al final una vida llena de colores es más resplandeciente. Te reto a que luego de culminar este libro hagas una introspección de tu vida empresarial, analiza dónde te encuentras y qué te falta por hacer. Cierra este libro pensando quién falta transformar. Atrévete a subir ese próximo escalón que tanto estás deseando. ¿Por qué seguir estando bien, si siempre hay oportunidades para estar excelente? Este es tu momento y es AHORA. Lee este libro las veces que se ponga duro el camino y compártelo con alguien a quien le pueda ser de beneficio. ¡Te veo en las redes!

🅕 veronicaavilessm
🅞 veronica_avilessm
🅞 VeronicaAviles
🅙 @veronica_aviles
🌐 veronicaaviles.com

www.ingramcontent.com/pod-product-compliance
Lightning Source LLC
Chambersburg PA
CBHW050531190326
41458CB00007B/1741